CAHIERS
JEAN GIRAUDOUX

7

Giraudoux et les Pouvoirs

BERNARD GRASSET
PARIS

24 mai 1940

Il fut un temps où il était permis de penser aux paysages de la France comme à des images inaltérables, de penser que la fin du globe seule pouvait porter atteinte aux traits de notre pays, et que les modèles des copies que Lesueur a faites des collines normandes ou Courbet des rives de nos fleuves survivraient dans leur intégrité. Cette dernière illusion s'envole. L'architecture du monde devient aussi périssable que l'architecture des hommes. La guerre maintenant mutile les faces des provinces comme des faces humaines. Ce Poussin et ce Bonnard me regardent aujourd'hui comme les personnages d'un album de famille, défunts ou futurs défunts.

JEAN GIRAUDOUX

(*Verve*. Revue artistique et littéraire,
vol. 2, n° 8
achevé d'imprimer
le *1er juin 1940*, à Paris)

INÉDIT

JUDITH

Acte I, scène I, première version manuscrite.

Le 3 novembre 1931, veille de la répétition générale de la
Judith *de Jean Giraudoux — la pièce la plus annoncée et la plus*
attendue peut-être de cette saison théâtrale, Paris-Midi *publiait*
un article de Charles Gombault, rapportant un commentaire de
l'auteur sur la genèse de sa nouvelle œuvre :

« *Et voici Jean Giraudoux :*
— Vous parler de ma pièce ? Mais je ne la connaîtrai moi-
même que lorsque je l'aurai vue. Le public se l'expliquera...
— Quel sentiment vous conduisit à l'écrire ?
— Le goût du spectacle théâtral, la certitude qu'une pièce se
compose de rôles... et qu'on peut demander n'importe quoi aux
metteurs en scène et aux auteurs français : ils n'escamotent
aucune difficulté, ne les recherchent pas davantage, ce qui est
précieux.
« Judith ? *C'est une pièce de guerre.*
« Judith ? *C'est la sainte Geneviève ou la Jeanne d'Arc juive,*
interprétée d'après sa condition de vierge et sa race.
« *Ce n'est d'ailleurs pas une pièce conçue à l'antique, une*
sorte de divertissement. Si les personnages étaient en veston ou
en robe tailleur, il y aurait peu de modifications à apporter au
texte.
« *Au reste, j'avais pensé d'abord à placer ma pièce dans les*
temps modernes ; on aurait vu une ville juive assiégée par des
hordes, au milieu de l'Asie. Puis je me suis aperçu qu'il était
plus simple de faire la Judith *antique.*

« Quant au but, à la portée de cette pièce, je suis bien empêché pour vous en parler.

« Tout ce qu'on peut souhaiter, c'est qu'elle exprime l'auteur, que le jeu exprime les acteurs, et le décor le metteur en scène.

« Or metteur en scène et interprètes sont remarquables... »

Cette déclaration permet à Giraudoux de ne pas révéler les significations profondes de sa pièce, mais de souligner sa volonté, à l'origine, de transposer l'épisode biblique dans l'époque contemporaine[1]. *Cependant la précision concernant « une ville juive assiégée par des hordes, au milieu de l'Asie » pouvait sembler assez fantaisiste, passer pour une de ces boutades dont il était coutumier...*

L'étude des manuscrits de Judith montre que Giraudoux avait parlé sérieusement. Le Fonds Giraudoux de la Bibliothèque nationale possède en effet une version manuscrite de la scène 1 de l'acte I, vraisemblablement la toute première ébauche de la pièce.

Si l'essentiel de ce qui formera, dans le texte définitif, les deux premières scènes se trouve déjà esquissé — avec le siège de la ville et les avertissements des prophètes, la visite du Grand Prêtre et les refus de l'oncle — une étude attentive des détails révèle que ces données initiales s'inséraient dans un contexte géographique et politique qui ne correspond en rien à la Béthulie[2] *biblique des pièces de F. Hebbel ou de H. Bernstein.*

LE RABBIN. — Nous ne te comprenons pas, Rosenberg. Tu es le seul de ton avis.

ROSENBERG. — C'est que je suis le seul lucide dans un cas d'imagination et d'autosuggestion collectives.

LE RABBIN. — Où vois-tu de l'autosuggestion ?

ROSENBERG. — Depuis un mois, dans toutes vos paroles,

---

1. Les illustrations de Laboureur pour l'édition originale, chez Émile-Paul, présentent Judith dans des vêtements et des décors résolument 1930.

2. A aucune des étapes de la composition, Giraudoux n'a cité ce nom trop précis, trop historiquement défini, et s'est gardé de désigner la ville de Judith dans la version finale.

toutes vos pensées, et depuis quelques jours, hélas, dans tous vos actes.

Le Rabbin. — Ainsi, cette histoire de Jeanne d'Arc, qu'on raconte en Occident, c'était un cas d'autosuggestion collective ?

Rosenberg. — Oui. Et aussi cette histoire de l'ancienne Judith, que vous voulez rafraîchir ici, en sacrifiant ma nièce, parce qu'elle a le malheur de porter le même nom. D'ailleurs Judith est son troisième nom. Elle s'appelle Ruth.

Le Rabbin. — Elles ont pourtant bien tourné, ces deux histoires, pour le bonheur des deux peuples ?

Rosenberg. — Si l'on veut. Le peuple français est devenu impie et le peuple juif n'existe plus.

Le Rabbin. — Tu es banquier, Rosenberg.

Rosenberg. — Je l'ai été en effet, quand il y avait occasion de l'être.

Le Rabbin. — Tu l'as été, ainsi que tes frères. Cette énorme fortune que vous avez amassée à Judith, c'est en jouant contre les mouvements d'un pays ou en leur obéissant que vous l'avez faite ?

Rosenberg. — Justement. La réalité de la banque est l'imagination.

Le Rabbin. — Pourtant quand je nous vois assis tous cinq ici, les membres survivants de notre collège, les plus âgés, ici Lévy le directeur du bazar, ici Maurer, l'entrepreneur, ici Rosenthal le pépiniériste, et moi, le Rabbin, je n'ai pas l'impression d'avoir affaire à des fous. Lévy est devenu fabricant d'obus, Maurer marchand de conserves, Rosenthal fabricant d'étoffes, et nous sommes pourtant tous d'accord. Et toi-même, tu ne vois pas la réalité différente de nous.

Rosenberg. — J'en doute.

Le Rabbin. — Tu ne vois pas que notre ville est la dernière cité juive du monde. Son nom russe est Rostrov, mais son nom juif, la Cité. Depuis deux cents ans que nos ancêtres se sont installés dans ce coin perdu de l'Oural, ils sont les seuls à avoir suivi la tradition, non en tant qu'individu, mais en tant que cité. Nous ne sommes pas ici le ghetto d'une ville infidèle. Nous sommes ici les maîtres, et les maîtres purs. A peine avons-nous perdu avant la guerre quelques jeunes gens attirés par le théâtre de Moscou ou le pétrole de Batoum. Mais notre ville est encore la seule où se pratique le pardon des injures, et où les pauvres égalent les riches. Vois-tu cela ? Vois-tu qu'il faut la sauver à tout prix, pour l'honneur du monde, pour tous les espoirs — je ne veux même pas les nommer, pour éviter l'orgueil — qu'elle contient ?

ROSENBERG. — Je le vois en effet.

LE RABBIN. — Et d'autre part ce siège que nous subissons depuis cinq mois, est-ce une imagination, lui aussi ? Cette armée de bandits, eût-on cru que les bandits puissent se compter par dizaines de mille, qui chaque jour se grossit de tous les pillards asiatiques, en contestes-tu les massacres, et hélas la force ? Et Menchikov, ce tyran qui s'est taillé dans toute l'Asie un royaume que personne ne lui conteste plus, existe-t-il, est-il là, devant nos tranchées, dans cette baraque gigantesque qu'on voit à la lorgnette, oui ou non ?

ROSENBERG. — Menchikov existe, et peut être vu à la lorgnette. Pas Holopherne.

LE RABBIN. — Lévy, toi qu'on ne peut suspecter d'imagination, raconte ta journée.

LÉVY. — J'ai eu deux mille cent soixante achats au bazar depuis le début de la semaine. Sur ce total, neuf cents de Bibles. Aujourd'hui trois cent trente, dont quatre-vingt-un [blanc] Je vais être obligé de faire un rayon Judith comme j'avais fait un rayon Wilson en 1918.

LE RABBIN. — Et toi, Rosenthal ?

ROSENTHAL. — Pour moi, c'est bien simple. Je passe mon temps à vendre des fleurs pour ta nièce, Rosenberg. Des inconnus, des confréries entières m'en commandent par monceaux, et les apportent en cortège dans cette maison.

ROSENBERG. — C'est assez ridicule. On dirait l'enterrement d'un poète officiel en Europe.

LE RABBIN. — Toi, Maurer ?

MAURER. — Ce sont les prophètes qui ont énervé la ville.

ROSENBERG. — Tu les as entendus de près, ces prophètes ? Que disent-ils ?

MAURER. — Toujours la même chose. Que la ville sera sauvée par la plus belle et la plus pure, et la plus courageuse, de ses filles. Veux-tu en voir un ? Il y en avait un sous ta fenêtre ! Eh là, l'homme, qu'attendez-vous, que voulez-vous ?

La voix du peuple. — Judith ! Judith ! Que Judith nous sauve !

Rosenberg. — Qui sont-ils ? Comment sont-ils ?

Le Rabbin. — Les prophètes sont la génération spontanée des misères, pour employer ton langage, mon cher Rosenberg. Je les rencontre sur mon passage. Ils ne m'évitent pas. J'ai sévi d'abord contre leurs vaticinations et leurs discours. Mais ils ne m'ont pas obéi ; la foule a pris leur parti, et il a fallu que je cède. Ils ne disent rien d'ailleurs qui ne paraisse la vérité pure, ils disent que tous nous allons périr, massacrés comme ceux de Tobolsk, ou comme ceux d'Irkoutsk, si la plus belle et la plus pure des filles de Rostrov ne se rend au camp de Menchikov. Je regrette que toute la ville ait aussitôt pensé à ta nièce. Mais elle en est un peu responsable. Tu n'as pas à le contester. Elle est la reine de la ville. Nous étions, depuis huit ans que la Russie a déclaré la guerre, privés de toute communication avec les hommes, quand elle est revenue de Moscou, voilà deux ans. Depuis le siège, elle a établi des hôpitaux, elle est sortie de la ville pour y faire pénétrer de nuit trois convois de vivres, elle donne sa fortune pour acheter à quelques tribus voisines les armes qui nous ont servi jusqu'ici. Où voulais-tu que se trouvât l'espoir d'une ville qui n'en a pas d'autres ? Tout ce sentiment du sacrifice, toute cette pureté, cette audace que donne le complet amour de Dieu et du pays à un peuple, est-il étonnant qu'ils l'aient porté sur cette merveilleuse créature qu'est Judith ? Que dit-elle elle-même de ce choix ?

Rosenberg. — Je ne sais ce qu'elle en pense. Tout ce que je vous demande, c'est de ne point lui en parler.

Le Rabbin. — Je viens pourtant pour cela, Rosenberg.

Rosenberg. — Vous ne la verrez pas. Elle n'est pas ici.

Le Rabbin. — Elle est chez ses blessés. Elle sera ici dans un instant, et je la verrai.

Rosenberg. — Mais quelles sont ces pratiques ? Sommes-nous des barbares, faisons-nous des sacrifices humains ?

Le Rabbin. — Nous sommes au centre de l'Asie, Rosenberg, nous sommes au centre d'une guerre qui a tué dix millions d'êtres humains, et nous sommes aussi au centre de tout ce qui reste de foi en le peuple juif. Tant de villes détruites, tant d'horreurs accumulées jusque dans les lieux que nous considérions comme inviolables, tout nous rapproche des époques simples où les grandes victoires étaient remportées par les grands gestes. Je vais te paraître stupide, Rosenberg, mais moi aussi je crois à ta nièce. Cette prophétie qui court la ville, que tu peux voir imprimée sur toutes les vitrines des crémiers, que les enfants répètent à l'école avec les cantiques, je finis moi aussi par y croire. Et j'y crois parce que je ne vois pas d'autre remède au malheur où nous sommes plongés.

ROSENBERG. — Il y a la Russie.

LE RABBIN. — La Russie aussi est un acte de foi et d'imagination. Si tu crois à la Russie, tu ne peux pas ne pas croire à Judith. Mais la Russie, elle, ne peut nous aider aujourd'hui. D'Europe, plus un signe. Wrangel a quitté la Crimée. Personne à mille lieues qui puisse venir nous secourir, et la famine.

ROSENBERG. — La famine ?

LE RABBIN. — Nous n'avons plus de vivres que pour deux jours. Si d'ici deux jours le ciel n'intervient pas, nous sommes perdus.

ROSENBERG. — C'est qu'il ne voudra pas intervenir.

LE RABBIN. — Et tu connais Menchikoff. Qu'a-t-il laissé des trois villes qu'il a prises ? Des cendres, et des cadavres. Trente mille Chinois sont venus hier se joindre à lui. Qui vient là ?

ROSENBERG. — C'est Judith. Écoute la foule crier.

LE RABBIN. — Laissez-moi avec elle, mes amis.

« Judith au pays des Soviets » ?

1. Dans cette première version, la ville de Judith porte un nom, et même un double nom : en « juif » (Giraudoux n'utilise pas le terme « hébreu ») elle se nomme, de façon imprécise, la Cité ; en russe, par contre, elle s'appelle Rostrov. Création géographique de l'auteur ? Reproduisant avec une légère déformation un nom authentiquement russe, Rostov, porté par plusieurs villes connues, elle présente une crédibilité certaine. S'ajoutent ces lieux identifiables mentionnés tout au long de la scène : *Moscou à deux reprises voisine avec Irkoutsk, Tobolsk, la Crimée et Batoum (associé au pétrole vraisemblablement à cause du pipe-line qui reliait à la grande région productrice de Bakou ce port de la mer Noire). Indubitablement cette ville se trouve en territoire russe ; mais tout essai pour la localiser plus précisément se heurte à des indications contradictoires : le rabbin la situe d'abord « dans ce coin perdu de l'Oural », mais déclare un peu plus loin qu'elle se trouve « au centre de l'Asie ».*

Flottement dû sans doute au statut « utopique » de cette ville ; car cette cité juive, loin de se définir comme « le ghetto d'une ville infidèle » — seule situation vécue pendant des siècles par les populations de la diaspora établies dans les pays d'Europe, d'Afrique ou d'Asie, nous est présentée entièrement sous la souveraineté des Juifs, qui y gouvernent en maîtres, en « maîtres purs ».

Cette « utopie », réalisation des idéaux du sionisme plus de quinze ans avant la création de l'état d'Israël, est-elle pure invention de Giraudoux ? Cette ville, indépendante en terre russe, ne s'inspire-t-elle pas de la création en 1928 par l'Union soviétique d'un territoire autonome de 40 000 km^2 environ, à la frontière de la Mandchourie, mis à la disposition des Juifs : le Birobidjan ? L'événement politique a pu influencer l'imagination de Giraudoux ; il n'a toutefois agi que comme une composante : aux données géographiques viennent s'opposer des déterminations temporelles et historiques qui en modifient sensiblement le sens...

2. Un détail permet de préciser, à quelques mois près, l'époque où Giraudoux situe son siège : sous cette expression un peu vague de « temps modernes », il désignait une actualité très proche ! C'est au printemps 1921 que Wrangel, le célèbre général de l'armée blanche, après avoir victorieusement poussé ses troupes jusqu'en Ukraine, dut quitter la Crimée pour se replier sur Constantinople, parce qu'il ne recevait plus de renfort suffisant des puissances européennes. Dans ce contexte, l'autre remarque du rabbin prend toute sa signification : « depuis que la Russie a déclaré la guerre » (Giraudoux a précisé en addition interlinéaire « huit ans ») situe donc la scène en 1921-1922 ; ces deux indications, qui renvoient à la guerre civile russe et à l'affermissement du pouvoir soviétique, cernent d'un cadre précis la figure, beaucoup moins définie, de Menchikov —

Giraudoux, peu soucieux des règles de transciption du russe, écrit indifféremment Menchikov ou Menchikoff...

3. Ce conquérant asiatique, Attila dévastateur à la tête de son « armée de bandits », qui a rasé et incendié les « trois villes qu'il a prises » (s'agit-il, selon une progression venant de l'est, d'Irkoutsk et de Tobolsk situé assez près de l'Oural ?) porte un nom connu dans l'histoire russe : à la fin du XVIIe siècle, un prince Menchikov s'illustra dans les armées de Pierre le Grand, devint maréchal et fut en faveur auprès de Catherine II, un amiral célèbre du XIXe siècle porta également ce nom... qui par contre ne semble pas avoir brillé pendant la Révolution et la guerre civile. Giraudoux quitte sans doute ici le terrain de l'actualité transparente (comme précédemment celui de la géographie réelle) pour pénétrer dans le domaine de la création littéraire, l'imaginaire allusif...

Comment interpréter ce personnage ? Les sonorités de son nom évoquent immédiatement le parti révolutionnaire des mencheviks, qui un moment s'opposèrent aux bolcheviks. Faut-il, plus hardiment, supposer derrière ce nom aux consonances suggestives un personnage identifiable ?

Un point semble évident : dans cette ville assiégée, les notables, financiers ou religieux, n'attendent (ou plus exactement n'attendent plus) d'aide que de l'Europe ou de l'armée blanche de Wrangel ; à aucun moment il n'est fait allusion au pouvoir soviétique déjà mis en place. Est-ce suffisant pour identifier cette « horde », grossie de trente mille Chinois, à l'Armée rouge ? Peut-on traduire Menchikov par quelque nom célèbre de la Révolution soviétique, Lénine ou Trotsky — que Giraudoux n'a pas hésité à citer plusieurs fois dans Siegfried et le Limousin [3] *?*

4. Rien dans le texte n'autorise à un décryptage aussi précis : l'ensemble de la scène suggère seulement une atmosphère générale où Giraudoux fait évoluer des personnages très typés. Rosenberg, l'oncle de Judith, annonce le Joseph du texte

---

3. Dans ce roman, que Giraudoux situe également en 1922, se trouvaient évoqués, au chapitre III, « les exilés de Kiev et d'Odessa », et, au chapitre VII, décrits avec plus de détails les « israélites russes ». Les personnages de Lili David et de Lieviné Lievin permettaient même d'évoquer certains épisodes de la Révolution.

définitif : grand banquier, comme Moïse dans Bella et Églantine, *il se réclame de la lucidité et de la sincérité face à un
groupe d'industriels et de commerçants, aux allures antipathi-
ques de profiteurs de guerre, assez proches des capitalistes
véreux de* la Folle de Chaillot : « *Lévy est devenu fabricant
d'obus, Maurer marchand de conserves, Rosenthal fabricant
d'étoffes* »...

*Comment, à partir de ces données peu explicites, où le lecteur
est tenté de chercher l'allusion continuelle, Giraudoux aurait-il
continué sa pièce ? En notre présente connaissance des manuscrits, il semble qu'il ait très vite renoncé à cet essai d'actualisa-
tion, pour revenir à un cadre plus neutre, où la Bible se teinte
d'anachronismes mineurs. C'était en effet « plus simple », dans
la France de 1930, de recourir à cette intemporalité, « plus
simple » que d'évoquer la guerre civile russe, les persécutions
juives, les aspirations sionistes... Mais le texte définitif se ressent
de l'intention initiale :*

« *Il n'a pas caché que son premier dessein était d'écrire une
pièce moderne. Une tribu juive se serait trouvée en guerre, sur les
confins de l'univers soviétique* [4]. *Et une jeune fille aurait
renouvelé l'histoire de Judith. Il reste beaucoup de ce projet dans
la pièce, les temps sont volontairement confondus. Amusement
de l'anachronisme ? Sans doute, et aussi sentiment de la race
immortelle* » *écrivait H. Bidou, dans* Candide, *le 26 novembre
1931.*

*Pour Giraudoux, à cette date auteur d'une pièce traitant un
sujet de politique contemporaine,* Siegfried, *et d'une comédie
inspirée de la mythologie antique,* Amphitryon 38, *le choix de
Judith se trouvait déterminant. Visiblement préoccupé par la
personnalité juive, par les problèmes juifs, Giraudoux a souhaité
les aborder de front, directement... mais a finalement choisi la
formule de compromis qui consistait à traiter des questions les
plus actuelles sous le masque, celui de la Guerre de Troie ou
d'Électre. Et sous ces habillages antiques ou bibliques, qu'un
recours permanent à l'anachronisme signale mais n'abolit pas,*

---

4. Rien dans la déclaration de Giraudoux à Charles Gombault ne permet à
H. Bidou d'indiquer aussi clairement le cadre et l'époque de cette première
version ; Giraudoux lui en avait-il parlé personnellement ?

se dissimula une pensée que concernaient profondément les questions politiques, mais qui hésita devant les choix tranchés, l'engagement des partis pris[5].

GUY TEISSIER

5. Le critique du *Soir* n'hésita cependant pas à écrire, le 7 décembre 1931 : « M. Jean Giraudoux, lui, a nettement fait acte de bolchevik, en écrivant sa *Judith.* » Mais une telle affirmation, qui visait le scepticisme religieux de la pièce, rapprochait finalement Giraudoux... d'Anatole France.

ÉTUDES ET POINTS DE VUE

JEAN GIRAUDOUX ET L'ACTION

L'œuvre politique de Jean Giraudoux — étincelante et profonde à la fois, donc apolitique —, aurait pu être la Bible des écologistes, si ceux-ci avaient gardé comme lui, avec le goût de la mesure, la soif d'une pureté agile et le sens du tangible, si leurs aspirations n'exigeaient point, dans un rêve statique et dérisoire, le retour à une jungle hypothétique, si leur but était l'affirmation concrète de la « Cité » avec tout ce que, pour l'auteur de *Pleins pouvoirs,* le mot impliquait de beauté, d'espace et de fraternité mais aussi et surtout d'ordre et d'harmonie. Et, pour mon père, l'industrie devait être une amie.

Pour Jean Giraudoux, amant des métaphores, l'industrie, à travers ses corollaires sociaux, était comme une femme, dès longtemps infidèle, dont il entendait réformer les errements et pour laquelle il a tenté d'établir les règles subtiles et éclatantes d'une morale neuve.

Aux yeux du créateur de *la Folle de Chaillot* le pouvoir était devenu l'impuissance, l'impuissance à concevoir et à réaliser ce qui importe le plus : l'aménagement du cadre où se situe la vie du citoyen. Il est significatif que ce diplomate de carrière dont, à table, les propos politiques fleuraient le centre gauche, ait déploré dans son œuvre, avec un gracieux acharnement, le divorce entre une France idéale et charnelle, modelée par les siècles d'une autocratie désormais impossible, et les Français, ectoplasmes contraints aujourd'hui par l'indispensable démocratie à déléguer le pouvoir à ces ennemis objectivement alliés et destructeurs que sont l'argent et le laisser-aller. Selon l'auteur de *Sans pouvoirs,* la Révolution était encore à faire, ou plutôt à refaire et il se sentait la force d'en être le héraut tandis qu'il évoquait « une dictature de l'urbanisme ». En 1939 il comptait bien qu'un fils de dix-neuf ans, marqué par lui mais qui ne songeait pas alors à l'écriture, l'aiderait à ce que le style — son style —, devînt d'abord l'action. Il y aurait eu un combat sans merci que la guerre et la mort suspendirent.

Il reste qu'une lecture attentive de ce qui, chez Jean Giraudoux, au-delà de la poésie, s'attache à cerner le réel et, dénonçant les tares et les vices, à éclairer le chemin salvateur, demeure un des plus salutaires exercices jamais offerts par la pensée à qui se destine à l'action.

JEAN-PIERRE GIRAUDOUX

SURVOL

Giraudoux et les pouvoirs : en exerça-t-il jamais aucun ? Son emploi le plus en vue, face à Goebbels, fut ce commissariat à l'Information créé par Daladier à l'orée de la « drôle de guerre ». Il régna en effet sur un peuple d'embusqués, d'intellectuels égarés, de militaires qui n'obéissaient qu'aux militaires. Le jour même de son installation, on lui retira la presse, la censure, le cinéma, les relations avec les Affaires étrangères, la radiodiffusion et les services spéciaux. « Je dois me borner à prononcer de petits discours, et encore quand on m'en donne la permission. » Il n'était pas admis au Conseil des ministres et annonçait des déroutes que l'ennemi omettait d'essuyer, des offensives que l'état-major négligeait de lancer. Il eut une apparence de pouvoir : il était l'Apparence du Pouvoir. Il en avait toujours été ainsi pour lui.

Il fut officier vingt et un jours : nommé sous-lieutenant à titre temporaire le 1ᵉʳ juin 1915 (voir le menu dans le *Carnet des Dardanelles*), il était blessé le 21 du même mois, évacué vers un avenir d'hôpitaux, de convalescences, d'affectations vagues et de missions à l'étranger, porteur de galons sans troupe.

Il fut fonctionnaire trente et un ans : avec quels pouvoirs ? Le service des Écoles, ou le service de presse, ou l'inspection des postes diplomatiques et consulaires, qui ont aujourd'hui la dimension d'une direction générale ou même d'un ministère, ne comptait guère plus, au temps où il les dirigea, qu'un adjoint et deux dactylos. L'adjoint — s'appelât-il Paul Morand, Pierre Bressy, ou Marcel Job — était un ami, un jeune camarade, un complice, un double, tout sauf un subordonné. Le « chef » donnait l'exemple de la désinvolture et fut longtemps oublié sur des voies de garage, régnant sur des services désaffectés comme la commission des dommages alliés en Turquie.

Diplomate, jamais, si du moins on appelle diplomate un plénipotentiaire chargé de représenter son pays, ou même un secrétaire d'ambassade chargé de rédiger une note pour éclairer le gouvernement. Rêvait-il d'une ambassade, qui aurait été le salaire normal de sa mission à l'Information ? Selon Morand, le gouvernement de Vichy lui aurait offert celle d'Athènes qu'il aurait refusée.

Propriétaire, jamais. Il louait l'appartement du quai d'Orsay, qui fut acheté sur des biens propres par sa veuve. Il projeta d'acquérir une maison de campagne, mais l'affaire ne se fit pas. « Dans ce monde où je n'ai pas de jardin, j'ai du moins un jardinier qui me suit en tous lieux » (*Visitations,* p. 79) : jardinier qui ne cultiva d'autre jardin que celui d'*Électre* et de *Sodome.*

Le pouvoir de l'argent, celui-là oui. Encore que... Il n'avait pas attendu d'avoir un traitement confortable, puis des droits d'auteur tout à fait enviables pour s'habiller avec élégance (voir les souvenirs de P. Morand) et collectionner les dessins de Poussin (voir le début de *Siegfried et le Limousin*). L'argent lui donna une vie large ; un décor choisi ; la possibilité de faire des cadeaux : rien de dispendieux ni de somptuaire (voir *Lettres,* p. 184). Si Jean Giraudoux a partagé le train de vie de la haute bourgeoisie, il n'en a jamais eu les pouvoirs : l'argent placé et qui rapporte, la propriété, le droit de commander, le pouvoir sur autrui.

Mais ces pouvoirs qu'il n'a pas eus, il les a approchés continûment. Il comptait parmi ses amis les plus proches cette famille Abreu qui possédait une part de La Havane et un hôtel particulier faubourg Saint-Germain, et Charles de

Polignac (dont le seul nom est un symbole). Le petit officier fréquentait les états-majors, et l'élève-diplomate imagine qu'il maniait la gomme et le crayon à Versailles pour la signature des traités, ce qui n'eût pas été tout à fait impossible. Edouard Herriot, ministre des Affaires étrangères en 1932, l'appela à son cabinet. Le Front populaire lui donna la cravate de Commandeur de la Légion d'honneur et lui offrit l'administration de la Comédie-Française, qu'il refusa. Daladier enfin... (déjà dit).

Si la politique regroupe tous les pouvoirs, on peut compter ses interventions. Il fut des premiers à souhaiter après 1918 un effort de compréhension à l'égard des Allemands ; en 1934, il s'adressa aux femmes en tant que citoyennes ; dès l'avant-guerre il parle d'urbanisme comme on en parlera après, et d'environnement comme on le fait aujourd'hui ; en 1937, il tourne en dérision, dans le *Supplément au voyage de Cook,* la colonisation et la prétendue civilisation occidentale ; en 1943, il fréquentait des résistants ; toujours tourné vers la jeunesse, la novation, l'avenir.

Mais comptons aussi ses absences : il n'a pas bougé pendant l'affaire Dreyfus, ni écrit à Romain Rolland en 1914. Il n'a rien dit pendant la guerre du Rif. Il était absent le 12 février 1934, absent en juin 1936, et silencieux pendant la guerre d'Espagne. Et sourd le 18 juin 1940.

En revanche, à partir de 1934, l'année où il définit sa conception de « l'écrivain journaliste », il multiplie les articles touchant d'abord le sport, l'information, l'urbanisme, puis un nombre croissant de domaines qu'il faut bien appeler politiques, articles dont seule une petite partie a été recueillie dans *Pleins pouvoirs,* si bien qu'avec les *Messages du Continental,* qui ont été composés mais jamais publiés, avec *Sans pouvoirs* et divers autres écrits, son œuvre proprement politique compte l'équivalent de quatre volumes.

De quel bord, cet écrivain politique ? Impossible de lui coller une étiquette, impossible de dire comment il votait, ni comment votaient ses lecteurs. Des relations dans l'extrême gauche (Romain Rolland, Aragon) comme dans l'extrême droite (du Fresnois, Brasillach), une carrière faite par force dans l'ombre du radicalisme alors régnant... Ses deux chevaux de bataille, le sport et l'urbanisme, semblent choisis pour transcender les clivages traditionnels. Toujours patriote, il s'est le plus clairement engagé... contre le chauvinisme de Poincaré. Sans pitié pour le parlementarisme dans *Pleins pouvoirs,* il s'est montré, dans *Sans pouvoirs,* également sévère pour Vichy ; ailleurs féroce à l'égard de la bourgeoisie, mais tendre pour les fonctionnaires... Aussi éloigné de l'esprit de parti que de la tour d'ivoire.

Son œuvre politique reste à éditer, et à étudier — ainsi que sa pensée politique s'il s'en dégage une ; à étudier dans ses racines (Maurras ou Marx ?) comme dans ses conclusions (individualiste ou collectiviste ?), et plus encore dans son fonctionnement : par exemple, l'opposition de la France et des Français, qu'il a si souvent reprise, signifie tantôt la supériorité de l'idée France sur les Français de la réalité et tantôt dénonce qu'on ait substitué un symbole à la réalité vivante. Il se pourrait qu'ici comme ailleurs la pensée de Giraudoux apparaisse labile et ambivalente, insaisissable et d'autant plus dynamique. Mais il se peut aussi que le pouvoir politique se révèle comme un cas particulier, et pauvre, d'une série multiple de *pouvoirs* au pluriel, qui tous se résumeraient pour Giraudoux dans le pouvoir de l'écriture, le seul qu'il ait maîtrisé, mais celui-là pleinement.

La réflexion de Giraudoux sur les pouvoirs doit alors être cherchée dans toute l'œuvre, et peut-être même faut-il penser avec Chris Marker que « nous tirerons plus volontiers une politique d'*Églantine,* où il nous enseigne le prix de la vie, que de *Pleins pouvoirs* où il met la charrue avant les bœufs, et le langage avant les hommes ». Il nous vient alors de grandes envies de citer Chris Marker, dont le petit *Giraudoux par lui-même,* quoique truffé d'erreurs, pétille d'esprit et brûle de passion :

« *Giraudoux voyait encore plus loin que nous ne pensions.* »

« Il reste cette tentative sans précédent d'un écrivain qui rompt les barrages de son œuvre et cherche à modeler en vrai les formes travaillées et perfectionnées dans la cire des mots et de l'imagination. »

« Il conçoit la participation de l'écrivain à la politique à l'inverse de ce qu'elle est communément, et il entend que ce soit la Cité qui mette son appareil technique au service de son imagination créatrice, les « Grands Travaux » devenant l'exemple même de cette collaboration, et une sorte de réciprocité de la société qui s'engage dans la poésie comme le poète s'engage dans la société. »

L'œuvre de Giraudoux ne se contente pas de faire appel au pouvoir d'ingénieurs à la Jules Verne, comme ce Dumas cité au début de *Siegfried et le Limousin* ; d'architectes paysagistes comme le très réel Jacques Forestier mentionné dans *Pleins pouvoirs,* capable sans doute de redessiner la ligne d'attache des collines avec la coudée d'Hélène ; d'aventuriers du monde réel, savants, voyageurs, diplomates, peu importe, pourvu qu'ils soient des inventeurs et des créateurs, pratiquant comme les frères Dubardeau la synthèse des corps et la « synthèse des États » ; d'éducateurs grâce à qui les citoyens seraient comme les petites élèves d'Isabelle, « toutes premiè- res ». Plus qu'un ingénieur des âmes (ingénieur = génie + ingéniosité, dit Michel Tournier), plus qu'un architecte (« L'ingénieur et l'architecte, ces deux romanciers du globe » selon *Pleins pouvoirs*), l'écrivain détient le pouvoir d'un ensemblier qui marie le pays et le paysage, l'urbanisme et l'urbanité, la nation et le naturel.

Pour tenir la pensée politique de Giraudoux, il faut prendre ses manuscrits pour « les maquettes d'un monde viable » (Chris Marker), et admettre que le Verbe qui était au commencement, c'était le verbe *imaginer,* dans cette variante de l'imagination qu'il appelle « l'imagination pratique ».

« Qu'il allait être consolant de vivre, si le monde réel se cousait ainsi à un monde imaginaire ! » (Bella.)

Jacques Body

INTERMEZZO ET LES POUVOIRS

Edgar Monteil, préfet de la Haute-Vienne (1900-1904).

Dans un article publié dans le numéro cinq des *Cahiers Jean Giraudoux* (pp. 43-47), Guy Turbet-Delof émet une hypothèse fort intéressante sur l'origine historique du personnage de l'Inspecteur d'*Intermezzo*. Nous nous permettons de signaler que nous l'avions déjà situé dans le contexte des menées anti-cléricales de la fin du XIXe siècle et du début du XXe[1]. Depuis lors, nous avons poussé plus loin nos recherches dans ce sens. A l'épisode cité par Guy Turbet-Delof Giraudoux a pu, nous semble-t-il, prendre l'idée du conflit Inspecteur-Institutrice, en d'autres termes, raison-imagination, pivot sur lequel il fait tourner une grande partie de la pièce (c'est là en effet l'essentiel du premier acte écrit d'un seul jet et même de la version Bonnes Feuilles. Car, ce n'est que tardivement que Giraudoux trouve le conflit Contrôleur-Spectre[2] qui y fait pendant). Pourtant, ce n'est pas du tout à ce malheureux M. Gourdon, l'inspecteur primaire qui perquisitionna chez Mlle Marsat à la recherche de deux livres mystiques : *la Confession* et *la Vie spirituelle,* que le personnage de Giraudoux doit son caractère. Comme le signale le commentaire de Péguy que cite Guy Turbet-Delof, il fut « commandé de service par son préfet ». A vrai dire, il n'était qu'un jouet entre les mains d'Edgar Monteil, préfet de la Haute-Vienne (1900-1904).

1. E. Tory, *Jean Giraudoux, Intermezzo,* G. Harrap & Co. Ltd, London 1970, p. 24.

2. C. Weil, *Jean Giraudoux, Intermezzo* (Édition critique), Ophrys, 1975, pp. 24-25.

Cet Edgar Monteil, ancien journaliste et polémiste, s'était fait comme préfet de la Creuse (1898-1900) une réputation de sectaire. Promu préfet de la Haute-Vienne, ses agissements ne tardèrent pas à susciter de violentes critiques dans la presse locale : déplacement d'instituteurs et d'institutrices ayant le moindre rapport avec l'Église ; établissement de fiches pour tous les fonctionnaires (gare à celui dont la femme allait à la messe !) ; délations et méthodes policières. Vint l'interpellation d'Henri Lavertujon au Sénat, le 2 juillet 1901[3]. Entre autres choses, il reprocha à Monteil d'avoir déplacé un inspecteur d'académie, dévoué et respecté, pour se faire seconder par M. Alengry, un fervent de la laïcisation venu de la Corrèze. Mais avant tout il mit en lumière le cas des deux directrices d'école, Mme Carlus et Mlle Marsat, qui furent déplacées pour avoir assisté à une conférence au couvent du Cénacle à Limoges.

Cette interpellation, bien qu'elle ne réussît pas à faire révoquer Edgar Monteil, eut un grand retentissement dans la presse parisienne et provinciale. L'*Écho de Paris* (3 juillet 1901) en louait la verve et l'esprit, partageant « l'indignation trop justifiée » du sénateur. Le *Journal des Débats* (4 juillet 1901) en fit le sujet d'un éditorial ironiquement intitulé : « le Préfet modèle ». Waldeck-Rousseau, à vrai dire, avait pleinement approuvé Monteil sans toutefois rien faire pour détruire sa légende. Pendant trois ans encore les agissements du « préfet modèle » et surtout son état de santé prêtèrent à d'amples commentaires de la part de la presse modérée et de droite, commentaires souvent poussés à la caricature et parfois impitoyables.

L'Inspecteur d'*Intermezzo* dont Giraudoux ne précisa pas le titre et dont les fonctions dépassent celles de l'enseignement[4], n'est-il pas à la fois Gourdon, Alengry et Monteil ? En effet, l'atmosphère d'inquisition qu'avait créée ce dernier se retrouve transposée dans la pièce. Témoin la délation de la

---

3. *Journal officiel — Sénat*, 1901, pp. 1127-1137.
4. R. M. Albérès, *Esthétique et Morale chez Jean Giraudoux*, Nizet, 1957, p. 389.

sorcière Dora Champerrier des premières versions, qui devient par la suite celle des demoiselles Mangebois. En outre, ces paroles de l'Inspecteur résument les procédés du préfet, sa façon de frapper les instituteurs et les institutrices :

Mademoiselle, les bruits les plus fâcheux courent sur votre compte. Je vais voir immédiatement s'ils sont fondés et envisager la sanction (acte I, scène 6).

Et sa haine de la religion, sa manie de tout laïciser — il fit décrocher les crucifix qui se trouvaient dans les salles des écoles [5] et amena devant la justice vingt-deux personnes qui, le jour de la fête du Sacré-Cœur, avaient orné le drapeau tricolore du cœur de Jésus [6] — ne se reflètent-elles pas dans la hâte que met l'Inspecteur à combattre partout le surnaturel ? Il avait été jusqu'à écrire un manuel du libre penseur qu'il distribuait lui-même aux enfants. Ne serait-ce pas là la source de la litanie laïque à laquelle l'Inspecteur invite les Petites Filles en leur faisant répéter le dernier mot de chaque phrase (acte III, scène 1) ?

Le ridicule de l'Inspecteur est bien le ridicule de Monteil avec « ses frasques bouffonnes, ses gaffes gigantesques, ses propos incohérents [7] ».

Cette page de l'histoire provinciale de France dont le détail nous échappe aujourd'hui, Giraudoux a pu la voir se dérouler devant ses yeux tout comme une comédie aristophanesque. On sait qu'au lycée de Châteauroux, à l'époque de l'Affaire, alors que professeurs et élèves prenaient parti d'une façon passionnée, il restait détaché, regardant les uns et les autres avec une ironie amusée [8]. N'a-t-il pas adopté cette même attitude devant le fanatisme et l'intransigeance anti-cléricale qui sévirent dans les années qui suivent et particulièrement dans le Limousin ? Pendant qu'il était au lycée Lakanal (1900-1902), pendant qu'il faisait son service militaire à Clermont-

---

5. *La Gazette du Centre*, 2 octobre et 25 novembre 1901.
6. *Ibid.*, 6 juillet 1901.
7. *Le Petit Centre*, 4 avril 1901.
8. Jean-Marc Aucuy, *la Jeunesse de Giraudoux*, S.P.I.D., 1948, pp. 141-143.

Ferrand et à Lyon (1902-1903), un drame se jouait dans les petites villes paisibles et tranquilles de son enfance. Il suivait les protagonistes, « emmagasinait » leurs faits et gestes comme il avait fait pour la légende grecque, pour l'histoire biblique. Au cours des années ce drame se transforme en féerie.

Mais cette « terreur » que fut le préfectorat d'Edgar Monteil est venue se superposer dans l'esprit de Giraudoux à celle de Sprenger, l'inquisiteur allemand du XVᵉ siècle qui faisait la chasse aux sorcières. Il a dû se familiariser avec ce dernier dans l'*Histoire de France* de Michelet que lui avait fait découvrir et aimer Charles-Louis Philippe[9]. De Sprenger Michelet écrit :

J'aurais voulu voir en face ce type admirable du juge et les gens qu'on lui amenait. Des créatures que Dieu prendrait dans deux globes différents ne seraient pas plus opposées, plus étrangères l'une à l'autre, plus dépourvues de langue commune[10].

On trouve certainement un écho de ce passage dans ces lignes d'*Intermezzo* où le Droguiste souligne le contraste entre l'Inspecteur et Isabelle :

Tous deux se meuvent dans des réalités trop différentes pour que l'un puisse nuire à l'autre (...). Ils vivent dans deux registres complètement différents de la vie, où ce qui est spectre pour l'un est chair pour l'autre (acte II, scène 5).

D'autres commentaires faits par Michelet sur Sprenger pourraient s'appliquer également à l'Inspecteur ; par exemple : « Il a beau faire le brave, il tremble. » Et Isabelle, dès qu'elle apparaît, fait penser à la femme-sorcière de Michelet :

Nous herborisons (...). Il faut que ces petites connaissent la nature par tous ses noms et prénoms (acte I, scène 2).

___

9. *Ibid.*, p. 91.

10. Jules Michelet, *Histoire de France*, C. Marpon et E. Flammarion, 1879, t. IX, p. 3.

A l'époque scolastique où l'homme tire tout des livres, se bornant à une orthodoxie rigide, la femme seule garde le contact avec la nature, cherchant à pénétrer ses secrets, à utiliser les vertus des plantes.

Edgar Monteil, Jakob Sprenger, voilà vraisemblablement les origines du personnage de l'Inspecteur d'*Intermezzo*. En face de l'un se trouve l'institutrice, de l'autre la sorcière, autour de l'un et de l'autre l'atmosphère de leur temps, celle du radical-socialisme, celle de la sorcellerie. Grâce au beau tableau de la *commedia dell'arte* suspendu au-dessus du bureau de Giraudoux, ils rejoignent dans son esprit Pantalon, le Docteur, le Capitaine et la jeune première Isabelle, s'entourent de tout un monde de comédiens, se trouvent entraînés dans leur mouvement. Toutefois, c'est bien le thème du conflit de la raison et de l'imagination qui prend le dessus. Et cela dans le cadre d'une petite ville du Limousin du début du siècle. Des emprunts faits à Heine, à Jean-Paul, à Goethe... y apportent une touche de poésie, mais le fond de la pièce sort de la province française.

ETHEL E. TORY

LES ALLUSIONS POLITIQUES
DANS *LA GUERRE DE TROIE*
N'AURA PAS LIEU

> « Notre avantage, c'est que nos visions se confondent avec nos souvenirs, l'avenir avec le passé ! »

Il existe deux interprétations politiques de *La guerre de Troie n'aura pas lieu* qui peuvent sembler inconciliables. D'un côté, on n'a souvent vu dans les rapports entre les Grecs et les Troyens que l'image des relations franco-allemandes ; de l'autre côté, on a voulu trouver dans la pièce la description d'un archétype, intemporel, sans lien avec la réalité de l'époque. C'est cette dernière interprétation que Giraudoux soutient dans une interview la veille de la première :

— Faites-vous, dans votre pièce, des allusions aux événements d'aujourd'hui ?

— Aucune allusion, mais il est question de la guerre et de la paix[1].

La première théorie est exposée par exemple par R. H. Desroches, University of Oregon, qui dit chercher en 1968 à identifier les allusions qui avaient un intérêt spécial pour le public français de 1935. Dans la pièce de Giraudoux, il trouve une situation qui rappelle celle de 1935 — dissensions internes, crainte d'un ennemi puissant et vindicatif, désespoir de trouver assistance auprès d'une S.D.N. faible[2]. Surtout, M. Desroches voit des ressemblances entre les négociations de la pièce et celles de Locarno :

1. *Le Figaro*, 21 novembre 1935.
2. R. H. Desroches, « Reality behind the myth in Giraudoux's *La guerre de Troie n'aura pas lieu* ». *Revue des Langues Vivantes*, n° 34, 1968, p. 239.

> *La conférence au sommet entre Hector et Ulysse, (est une) scène qui n'a pu s'inspirer que de la conférence historique de paix entre Briand et Stresemann à Locarno, en octobre 1925*[3].

Cette théorie a été acceptée par la plupart des commentateurs.

L'autre point de vue est représenté par Roy Lewis, University College of Swansea, qui rejette l'interprétation précédente :

> *On n'a jamais expliqué quelle serait la fonction d'une telle allégorie. Pourquoi Giraudoux aurait-il voulu suggérer aux Français de 1935 que toutes les tentatives de leurs artisans de la paix étaient condamnées — sans même préconiser un autre mode d'action*[4] ?

Et il en tire la conclusion suivante :

> *On ne s'étonnera donc pas que* La guerre de Troie n'aura pas lieu *ne cherche pas à analyser ce qui en 1935 menaçait la paix. La pièce élude toutes les questions importantes qui préoccuperaient l'historien. Elle met en scène les efforts faits pour éviter une guerre complètement absurde. En ce sens, elle n'anticipe pas la Deuxième Guerre mondiale*[5] *(...)*

Or, il y a une troisième manière de lire la pièce qui combine les deux autres. Pour y arriver, il faut d'abord compléter l'interprétation donnée par M. Desroches. Prenons pour point de départ la « scène de Busiris ».

I. L'arbitre neutre

L'action de *La guerre de Troie n'aura pas lieu* a été comparée par Henri Baudin[6] à une course d'obstacles, où

---

3. *Ibid.* Les citations anglaises sont traduites par G. Graumann.

4. Roy Lewis, *Giraudoux : La guerre de Troie n'aura pas lieu.* London, Edward Arnold, 1971, p. 9.

5. *Op. cit.*, p. 11.

6. Henri Baudin, dans l'édition des Classiques Bordas, Paris 1970, p. 116.

Hector vainc sur son chemin vers la paix la résistance d'une série d'antagonistes (Pâris, Priam, Hélène elle-même, Oiax, Ulysse), tout en voyant le but s'éloigner de plus en plus : « Je gagne chaque combat. Mais de chaque victoire l'enjeu s'envole » (II, 11). On pourrait aussi définir la pièce comme une suite de conférences de paix.

Un des interlocuteurs d'Hector est le juriste Busiris, appelé par le poète belliciste Demokos pour prouver aux Troyens qu'ils doivent déclarer la guerre :

Cet étranger est le plus grand expert vivant du droit des peuples. Notre chance veut qu'il soit aujourd'hui de passage dans Troie. Tu ne diras pas que c'est un témoin partial. C'est un neutre. Notre Sénat se range à son avis, qui sera demain celui de toutes les nations (II, 5).

Selon Busiris, les Grecs se seraient « rendus vis-à-vis de Troie coupables de trois manquements aux règles internationales ». Mais en menaçant de garder Busiris emprisonné tant que durera la guerre, Hector réussit, dans une scène pleine d'ironie cinglante, à le convaincre de donner une tout autre interprétation du comportement des Grecs :

(...)
BUSIRIS. *— Sans compter qu'une cargaison de bétail peut être une cargaison de taureaux. L'hommage en ce cas touche même à la flatterie.*
HECTOR. *— Voilà. Tu m'as compris. Nous y sommes* (II, 5).

Ce revirement sauve l'honneur des Troyens et laisse la porte ouverte aux négociations prévues avec l'envoyé des Grecs, Ulysse.

« La scène de Busiris », ou plutôt la première moitié de la scène 5 de l'acte II, où apparaît le juriste, n'est pas nécessaire dans l'intrigue mais forme un épisode isolé de la pièce. Cet épisode a été ajouté dans une phase tardive de la genèse ; on ne le lit pas encore dans les premières versions imprimées, les prépublications de *la Petite Illustration* (numéro du 14 décembre 1935) et de *la Revue de Paris* (numéro de décembre 1935).

Selon les renseignements fournis par Jean-Pierre Giraudoux

et Marthe Herlin-Besson, la « scène » de Busiris a été ajoutée au cours des répétitions, c'est-à-dire entre le 14 septembre et le 22 novembre 1935. Elle fait partie de l'édition de 1935 chez Grasset, mais ne fut créée qu'à la reprise en 1937[7]. Il semble donc que, à l'automne 1935, quelque chose se soit passé qui a inspiré à Giraudoux cette addition anachronique — si ouvertement anachronique qu'un commentateur décrit Busiris comme « un soi-disant expert du droit des peuples qui vient tout droit de Genève et de la Société des nations[8] ».

Or, lisons les journaux de 1935 ; nous verrons que c'est à cette époque qu'un certain arbitre neutre fait son entrée sur la scène de la politique internationale. Cette année-là une grande puissance prépare une expédition guerrière, qui va être dirigée vers l'est, à travers la Méditerranée, un incident servant de prétexte. Lorsque le pays menacé en appelle à l'opinion mondiale, l'agresseur accepte l'arbitrage sous la direction d'un neutre.

Les deux pays étaient l'Italie et l'Abyssinie, qui nommèrent le 22 mai 1935, conformément au pacte conclu entre eux en 1928, une commission de conciliation et d'arbitrage avec deux représentants de chaque pays.

La Société des nations se contentait de formalités juridiques. A cet égard, une notice dans *l'Œuvre* du 23 juillet 1935 est très significative :

On aurait recours à l'article 15, permettant à l'Italie, après diverses procédures et un délai de trois mois, de faire légalement la guerre.

On croit sauvegarder ainsi l'autorité et la dignité de la S.D.N. !

Et quelques jours plus tard, le 26 juillet, *le Temps* cite les commentaires dédaigneux de la presse allemande à ce sujet (l'Allemagne s'était dès 1933 retirée de la S.D.N.) :

Le Berliner Tageblatt *raille la Société des nations, dont le*

---

7. Mme Madeleine Ozeray se rappelle que le rôle de Busiris fut répété en 1935 par Auguste Bovério, mais supprimé à cause de la maladie de celui-ci.

8. Pierre Brodin, *les Écrivains français de l'entre-deux-guerres*. Montréal, Valiquette 1945, p. 158.

rôle dans l'affaire d'Éthiopie est, selon lui, tragi-comique. Il n'est pas question de savoir si l'organisation de Genève arbitrera des principes, mais uniquement comment elle sauvera la face, étant résolue par avance à les renier.

(...)

Pour la Société des nations, écrit la Gazette de la bourse, *le maintien de la paix n'a pas autant de prix que la conservation de la légende faisant, de l'institution de Genève, un foyer du droit international. Et puisqu'on ne peut pas et qu'on ne veut pas empêcher la guerre, eh bien, on va la légaliser !*

Qu'est-ce que cela sinon la veulerie de Busiris ?

HECTOR. — *(...) Ou ces gardes te mènent en prison pour des années, ou tu pars ce soir même couvert d'or. Ainsi renseigné, soumets de nouveau la question à ton examen le plus impartial.*
BUSIRIS. — *Évidemment, il y a des recours.*
HECTOR. — *J'en étais sûr* (II, 5).

La commission d'arbitrage, sans avoir accompli sa mission, cesse ses travaux le 9 juillet. C'est le 21 août que les deux parties — toujours conformément à leur pacte — se mettent enfin d'accord sur le choix d'un « cinquième et super-arbitre ».

Cet arbitre neutre était M. Nicolas Politis, Ministre de Grèce en France, professeur honoraire à la Faculté de Droit de Paris, auteur en 1935 d'un livre intitulé *la Neutralité et la paix.* Vers la fin de l'été et à l'automne 1935, les journaux mentionnent presque tous les jours M. Politis et sa mission. Ainsi *le Figaro* le cite, le 1er octobre, dans un article sur *la paix, « création continue »* :

Le pacte (de la S.D.N.) se place dans l'hypothèse où un membre de la Ligue recourt à la guerre. Mais comment définir cette responsabilité ? Par quel critère désigner l'agresseur ? Je sais bien qu'il y a des cas sur lesquels aucun doute n'est possible, quels que soient les artifices de langage que l'on emploie ; nous en avons, hélas ! l'exemple sous les yeux... (...) On sait que MM. Litvinoff et Politis ont proposé une définition de l'agresseur qui a le mérite d'être très claire. (...) Au lieu de se livrer à des discours académiques, l'Assemblée aurait mieux fait de procéder à cette mise au point.

Ayant pris catégoriquement position sur l'article 16, l'Angleterre, dans sa note d'avant-hier, établit alors deux distinctions. Elle précise d'abord que « la procédure de l'article 16 qui vise un acte positif d'agression non provoquée n'est pas applicable à l'acte négatif qui consiste à ne pas exécuter les termes d'un traité ».

Il semble que ce soient des considérations graves de ce type, sur la définition des responsabilités, que nous retrouvions dans le miroir déformant de Giraudoux :

Il avait été question, au dernier congrès, d'inscrire cette formation dans le paragraphe des mesures dites défensives-offensives. J'ai été assez heureux pour obtenir qu'on lui restituât sa vraie qualité de mesure offensive-défensive : elle est donc bel et bien une des formes larvées du front de mer qui est lui-même une forme larvée du blocus, c'est-à-dire qu'elle constitue un manquement au premier degré !

A l'appui de ses thèses, Busiris cite des précédents :

(...) Nous avons d'ailleurs un précédent. Les Grecs ont hissé l'année dernière leur pavillon au ramat en entrant dans le port d'Ophéa. La riposte a été cinglante. Ophéa a déclaré la guerre.

HECTOR. — *Et qu'est-il arrivé ?*

BUSIRIS. — *Ophéa a été vaincue. Il n'y a plus d'Ophéa, ni d'Ophéens.*

HÉCUBE. — *Parfait.*

BUSIRIS. — *L'anéantissement d'une nation ne modifie en rien l'avantage de sa position morale internationale.*

(...)

Nous avons aussi un précédent. Les navires grecs, il y a cinq ans, ont adopté la formation de face en ancrant devant Magnésie. Magnésie dans l'heure a déclaré la guerre.

HECTOR. — *Elle l'a gagnée ?*

BUSIRIS. — *Elle l'a perdue. Il ne subsiste plus une pierre de ses murs. Mais mon paragraphe subsiste.*

Dans la presse de 1935, on signale également que l'agression italienne n'est pas sans précédent ; ainsi *le Temps* du 10 octobre :

LES PRÉCÉDENTS
Conflit sino-japonais — Affaire du Chaco

L'agence Havas communique de Genève :
On s'est étonné, dans certains milieux internationaux, que l'article 16 ait été reconnu applicable à l'Italie dans le conflit actuel, alors qu'il n'a été appliqué ni dans l'affaire sino-japonaise, ni dans l'affaire du Chaco, ni plus récemment, à l'Allemagne.
L'Italie avait elle-même déjà créé un précédent en attaquant Corfou en 1923.

La scène de Busiris a, comme nous l'avons vu, été écrite en automne 1935, entre la mi-septembre et la mi-novembre. Il semble même que d'autres écrivains aient alors pensé que l'activité diplomatique de l'époque serait un bon sujet de satire, et que cette idée fût dans l'air. Ainsi Gérard Bauer écrit-il le 1er octobre dans *le Figaro,* sous le pseudonyme « Guermantes » :

Je m'en voudrais de railler la Carrière et les gens infiniment estimables qui la composent. Mais depuis dix-sept ans que dure la paix et qu'ils la retournent dans tous les sens ils ont donné, il faut l'avouer, un spectacle d'une vraie saveur. Je prédis un grand succès à l'auteur dramatique qui écrirait sur les diplomates une pièce spirituelle, et, sans viser à la satire ambitieuse, en gardant le ton de l'ironie légère. Il faudrait y montrer un de ces conciles, quelques-unes de ces démarches où l'on joue à cache-cache derrière les mots, et ces courtoisies burlesques qui masquent de graves décisions. Quel talent saura, une fois encore, joindre le sourire à l'aigu du regard ?

Giraudoux aurait-il reçu ici l'impulsion ? Quoi qu'il en soit, il a dû remarquer cette chronique sur ses confrères, puisqu'en 1935 il publiait lui-même dans *le Figaro* une série d'articles.

Il semble donc que Giraudoux se soit inspiré, en écrivant la scène de Busiris, des tentatives de conciliation entre l'Italie et l'Abyssinie. Peut-être même la notice sur « les précédents » nous donne-t-elle la date après laquelle la scène a été écrite. Ce *terminus a quo* pourrait donc être le 10 octobre.

II. *Le conflit*

Si l'on accepte l'hypothèse que nous venons d'émettre, il est tentant de voir, dans d'autres passages de la pièce, des allusions au même conflit[9]. Les considérations politiques sont particulièrement nombreuses dans la scène de la conférence « au sommet » entre Hector et Ulysse (II, 13). Desroches a sans doute raison en voulant reconnaître, dans les négociateurs de Giraudoux, Briand et Stresemann à Locarno en 1925 et à Thoiry en 1926[10] ; il est vrai qu'on peut distinguer également dans la réplique suivante l'écho des propos de Hitler sur le « Lebensraum », « l'espace vital » de la nation allemande :

Les autres Grecs pensent que Troie est riche, ses entrepôts magnifiques, sa banlieue fertile. Ils pensent qu'ils sont à l'étroit sur du roc.

Mais la situation non moins critique de l'Italie était à l'époque le sujet de nombreux articles de presse. Citons par exemple *le Figaro* qui écrit le 26 août sous la rubrique « Les causes réelles de l'affaire abyssine » :

L'Italie. L'Allemagne. Le Japon. Ce n'est pas pour des raisons fortuites que ces trois grands pays se trouvent en proie à la même fermentation et éveillent dans le monde des inquiétudes du même ordre.
(...)
L'Italie, peuplée de 45 millions d'habitants, possède un sol cultivable inférieur de moitié en superficie à celui de la France

---

9. Max Gallo fait le même rapprochement dans l'introduction de *l'Affaire d'Éthiopie aux origines de la guerre mondiale*. Paris, Éditions du Centurion 1967, pp. 7 et 198.

10. *Op. cit.*, pp. 239-243.

(...) L'Allemagne se trouve dans une situation analogue avec ses 64 millions d'habitants. (...) Enfin, le Japon, plus à l'étroit encore dans son archipel montagneux et boisé, compte chaque année un excédent d'un million de naissances sur les décès, qui vient s'ajouter à ses 68 millions d'insulaires.

(...) Parallèle plus saisissant encore. Les trois contrées atteintes du même mal : le surpeuplement, gardent ou se donnent des gouvernements à forme dictatoriale ou autocratique. Chez elles, c'est l'apothéose du militarisme, de la force, de la gloire, etc. (...) de tout ce que réprouve le camp adverse.

Il est intéressant de voir qu'on associe déjà les trois membres du futur « Axe », en distinguant ce que leur situation avait en commun.

Voilà donc, dans la pièce et dans la réalité contemporaine, une des vraies causes de la guerre. Mais il y a également des prétextes, et dans la pièce c'est là le rôle joué par Hélène. Ulysse explique ainsi à Hector ce qu'est, à son avis, Hélène :

Il n'y a aucun doute. Elle est une des rares créatures que le destin met en circulation sur la terre pour son usage personnel. Elles n'ont l'air de rien. Elles sont une petite reine, presque une petite fille, mais, si vous les touchez, prenez garde !

Tel est le texte de la première version imprimée, celle de *la Petite Illustration*. Or dans la prépublication suivante, dans *la Revue de Paris*, Giraudoux a fait une petite addition à la dernière phrase :

Elles sont parfois une bourgade, presque un village, une petite reine, presque une petite fille, mais si vous les touchez, prenez garde !

Desroches qui a observé ce passage, suppose qu'Hélène représente la Rhénanie occupée [11]. On pourrait aussi croire que Giraudoux a pensé ici au prétexte même de l'agression italienne en Abyssinie. En décembre 1934, un incident était survenu aux puits d'Oual-Oual près de la frontière sud-est

11. *Op. cit.*, p. 240.

d'Abyssinie, endroit qui se trouvait à une centaine de kilomètres de la Somalie italienne. Ce qui compliquait la question des responsabilités, c'était le fait que la frontière n'avait jamais été délimitée sur le terrain. Le 5 décembre 1934, plus de cent Abyssins furent tués dans un combat. Le gouvernement italien exigea une amende et des excuses. Sous la rubrique quotidienne « Le conflit italo-éthiopien » nous lisons dans *le Temps* du 18 juillet :

Les buts visés par l'Italie en Éthiopie sont, d'après l'officieux Giornale d'Italia, *au nombre de trois.*

1° Obtenir des réparations pour les offenses faites au drapeau italien ;

2° S'assurer des garanties contre le retour de semblables offenses ;

3° Rendre possible l'expansion dont l'Italie a besoin.

Mais l'empereur Hailé Sélassié gardait une attitude digne et pacifique, refusant de se laisser provoquer. Dès le 14 février, *le Temps* avait écrit :

Les ordres initiaux de l'empereur ont été fidèlement exécutés et aucune patrouille n'a été autorisée à s'éloigner de plus de trois kilomètres du gros des contingents.

Aucune n'a pénétré sur le territoire de la Somalie italienne et tous les incidents se sont passés sur le sol que les anciennes cartes officielles italiennes elles-mêmes reconnaissent comme éthiopien.

On peut donc dire que la situation entre Hector et Oiax « agent provocateur » correspond à celle qui existait entre l'Abyssinie et l'Italie :

HECTOR. — *Je vois que la Grèce nous a envoyé des négociateurs. Que voulez-vous ?*

OIAX. — *La guerre !*

HECTOR. — *Rien à espérer. Vous la voulez pourquoi ?*

OIAX. — *Ton frère a enlevé Hélène.*

HECTOR. — *Elle était consentante, à ce que l'on m'a dit.*

OIAX. — *Une Grecque fait ce qu'elle veut. Elle n'a pas à te demander la permission. C'est un cas de guerre.*
HECTOR. — *Nous pouvons vous offrir des excuses.*
OIAX. — *Les Troyens n'offrent pas d'excuses. Nous ne partirons d'ici qu'avec votre déclaration de guerre.*
HECTOR. — *Déclarez-la vous-mêmes.*

C'est au sujet de la France que M. Desroches évoque, comme nous l'avons vu, le « désespoir de trouver assistance auprès d'une S.D.N. faible [12] », mais l'Abyssinie avait encore plus de raisons de craindre. Ce qui était, du point de vue des grandes puissances, le plus sinistre, c'était que, depuis 1923, l'Abyssinie était, de même que l'Italie, membre de la Société des nations. Une guerre entre deux pays membres aurait nui gravement à l'organisation. Écoutons la suite du dialogue cité :

HECTOR. — *Déclarez-la vous-mêmes.*
OIAX. — *Parfaitement, nous la déclarerons, et dès ce soir.*
HECTOR. — *Vous mentez. Vous ne la déclarerez pas. Aucune île de l'archipel ne vous suivra si nous ne sommes pas les responsables... Nous ne le serons pas.*

Le mot « archipel » paraît correspondre ici à la S.D.N. ou peut-être à l'Europe, au monde occidental. Les Troyens, eux, n'appartiennent pas à l'Archipel des peuples civilisés. Abnéos le dit, au sujet du chant de guerre :

Nous nous en sommes passé, parce que nous n'avons jamais combattu que des barbares. C'était de la chasse. Le cor suffisait. Avec les Grecs, nous entrons dans un domaine de guerre autrement relevé.

DEMOKOS. — *Très exact, Abnéos. Ils ne se battent pas avec tout le monde* (II, 4).

Henry de Monfreid qui connaissait bien l'Éthiopie, écrit à peu près la même chose dans *Marianne*, le 12 juin 1935 :

Tant que les conquêtes de (l'empereur) Ménélik, Somalie,

____

12. *Op. cit.*, p. 239, cité plus haut, p. 27.

Gallan, Dankali, ne confinaient qu'à des pays encore barbares (...), tout alla bien, car de part et d'autre des frontières, les tribus nomades pouvaient sans inconvénient se faire la guerre au gré des fertilités passagères de leurs steppes, que la fantaisie des orages dispense à ces terres incultes.

Il n'est donc pas étonnant que dans sa réplique d'entrée, Ulysse fasse allusion aux mots d'un autre colonisateur, Stanley rencontrant Livingstone, « Priam et Hector, je pense ? » (II, 12).

Ce qui dans le cas de l'Abyssinie aggrava le conflit et en fit autre chose qu'une simple entreprise de colonisation, ce fut le fait que l'Italie menaçait en Abyssinie les intérêts de l'Angle-terre. L'empire britannique dominait le Soudan à l'ouest, le Kenya au sud et, sur la côte en face d'Aden, la Somalie britannique à l'est de l'Abyssinie ; la France possédait la Côte française des Somalis, et l'Italie, l'Érythrée au nord-est et la Somalie italienne au sud. L'Abyssinie, seul pays — avec le Libéria — indépendant en Afrique, se trouvait donc encerclée de toutes parts par les colonies des grandes puissances et n'avait pas accès à la mer.

Dans un troisième passage de la scène II, 13, Ulysse dit qu'il a

voulu seulement lire dans ces grandes lignes que sont, sur l'univers, les voies des caravanes, les chemins des navires, le tracé des grues volantes et des races.

Il exprime les mêmes points de vue géopolitiques que, presque dans les mêmes termes, *le Temps* du 30 janvier :

Leurs établissements côtiers n'ont guère de signification pour les Européens que comme têtes de lignes de caravanes, de chemins de fer, de routes d'automobiles, de vols d'avions.

Le même journal parle le 14 mars des craintes anglaises de voir un jour l'Italie essayer de « créer, à travers l'Égypte, une continuité territoriale entre la Libye et l'Éthiopie ». *Le Figaro* signale, le 20 août, la position stratégique de l'Éthiopie sur la route des Indes et en même temps sur la voie du Caire au Cap,

« la plus chère au cœur anglais ». Et Wladimir d'Ormesson résume le 19 septembre dans *le Figaro* :

C'est bien l'empire britannique qui est en cause. (...) Ainsi ce coin du monde, où se croisent les routes d'Asie et d'Afrique, est-il la clé de l'empire britannique.

Aussi, toute l'Europe craignait-elle pendant quelque temps en 1935 un conflit entre la Grande-Bretagne et l'Italie fasciste.

III. *La conférence « au sommet »*

Les allusions « italiennes » sont si nombreuses que l'on voudrait mettre en question l'hypothèse « franco-allemande ». Examinons quelques-uns des points de M. Desroches, et d'abord le « sommet ». Giraudoux en aurait eu un seul modèle, Locarno :

D'innombrables ressemblances s'imposent manifestement entre l'action de la pièce et la conférence de Locarno — thèmes politiques, problèmes envisagés par les délégués, voire discours publics et conversations privées qui ont été publiés par la suite [13].

Parfois Desroches signale cependant, en passant, que plusieurs interprétations sont possibles : pour l'attentat que craint Ulysse, le commentateur cite ainsi non seulement les menaces contre Stresemann après Locarno mais aussi, dans les années 1920, l'assassinat de ses prédécesseurs Erzberger et Rathenau, et en 1934, celui du roi Alexandre et du ministre des Affaires étrangères Barthou. Mais à mon avis, il ne s'agit pas de trouver la seule vraie allusion, mais de regarder les événements de la pièce comme pouvant s'interpréter dans plusieurs sens à la fois.

A ce sujet, il est intéressant de voir que la conférence au sommet aussi bien que la tentative d'attentat reçurent une nouvelle actualité par ce qui arriva précisément au printemps 1935, date à laquelle Giraudoux, semble-t-il, s'est mis à

---

13. *Op. cit.*, p. 239.

écrire la pièce, dont il a présenté la première version à Louis Jouvet au mois de juin.

D'abord quelques mots sur la situation internationale au printemps 1935. En Allemagne, Hitler était au pouvoir depuis deux ans. Le 9 mars, il avait proclamé l'existence d'une aviation militaire, puis le 16 introduit le service militaire : les journaux français publient en mars de grands articles sur la future guerre aérienne [14]. La France, qui gardait jusqu'au mois de juillet le contingent sous les drapeaux, se rapproche à cette époque de l'Italie, car l'année précédente l'Italie avait, en envoyant des troupes à Brenner, empêché un premier *Anschluss*.

En avril 1935 eut lieu une conférence semblable à celle de Locarno, à Stresa, sur le lac Majeur, entre l'Angleterre, la France et l'Italie, conférence dont on croyait d'abord qu'elle devait garantir la paix en Europe, car Hitler semblait impressionné devant l'unité des trois puissances signataires. Dans la pièce de Giraudoux, les localités de la conférence sont décrites ainsi :

A la veille de toute guerre, il est courant que deux chefs des peuples en conflit se rencontrent seuls dans quelque innocent village, sur la terrasse au bord d'un lac, dans l'angle d'un jardin (II, 13).

La conférence de Stresa se tint à Isola Bella, décrite par les journalistes sur un ton lyrique :

Parler de guerre, d'agresseur éventuel, de sanctions nécessaires, concerter une action commune pour empêcher l'Europe de glisser dans un gouffre sans fond, est vraiment impossible au bord de ce lac, dans cet avril triomphant, au milieu de tous ces jardins et de toutes ces fleurs (Wladimir d'Ormesson dans *le Figaro* du 11 avril).

Et ils mentionnent tous les « dix terrasses de jardins, célèbres pour leurs parfums [15] », « donnant sur l'est du lac et

---

14. *Cf.* Les répliques d'Hector et d'Hélène : « Et la ville s'effondre ou brûle, n'est-ce pas ? — Oui. C'est rouge vif » (I, 9).
15. *Le Temps,* 10 avril.

par conséquent — est-ce un symbole ? — sur Locarno qu'on devine plutôt qu'on ne l'aperçoit dans la brume [16] ». On peut remarquer que Giraudoux insiste sur le mot « terrasse », qui reviendra à la fin de la réplique : « Le privilège des grands, c'est de voir les catastrophes d'une terrasse. » C'est peut-être là qu'il a eu l'idée du décor du premier acte : « Terrasse d'un rempart dominé par une terrasse et dominant d'autres remparts » — décor qui a également, il est vrai, une fonction allusive et peut-être aussi philosophique (la « terrasse » des dieux dominant celle des hommes).

Les spectateurs de 1935 avaient donc devant eux une sorte d'image composée, dans laquelle différents détails de différents « sommets » se superposaient pour donner une image générale d'une rencontre à la fois familière et nouvelle entre Hector et Ulysse.

De même pour l'attentat. Desroches a sans doute raison en disant que pour Giraudoux, et pour son public, les attentats étaient d'actualité à cause de toute une série d'attentats politiques. Mais tout à fait comme pour le « sommet », le risque d'un attentat venait d'être rendu actuel par les événements de Stresa : les journaux faisaient état de projets d'attentat ourdis contre les négociateurs. *Le Figaro* écrit le 16 avril :

MARSEILLE, 15 avril. — *La police marseillaise avait été informée, il y a une dizaine de jours, que des anarchistes italiens, décidés à se rendre à Stresa, pour attenter à la vie de MM. Laval et Mussolini, séjournaient dans la cité phocéenne. (...) Les autorités de police genevoises ont pris des mesures pour redoubler de surveillance aux abords du palais de la Société des nations et des hôtels où sont descendues les délégations.*

Les mots suivants d'Ulysse éveillent donc plusieurs échos, entre autres aussi celui de l'assassinat de Sarajevo en 1914 :

Je pars... Mais je ne peux me défendre de l'impression qu'il est bien long, le chemin qui va de cette place à mon navire.
HECTOR. — *Ma garde vous escorte.*

16. *Le Matin,* 12 avril.

ULYSSE. — *Il est long comme le parcours officiel des rois en visite quand l'attentat menace... Où se cachent les conjurés ?*

Parfois il semble même qu'un mot en apparence anodin ait une référence précise dans la réalité, comme si Giraudoux s'était amusé à rappeler aux spectateurs ce qu'ils avaient lu dans leur journal. On a l'impression qu'il en est ainsi lorsque Andromaque dit à Priam :

Mon père, je vous en supplie. Si vous avez cette amitié pour les femmes, écoutez ce que toutes les femmes du monde vous disent par ma voix (...) (I, 6).

Ici encore, nous trouvons un parallèle dans la presse du mois d'avril 1935, et une comparaison avec la conférence de Stresa, dans *le Matin* du 13 avril, sous le titre : « Féminisme international », et le sous-titre : « Les déléguées de 200 millions de femmes vont se réunir à Istanbul. »

Pour discuter, comme à Stresa, de la paix mondiale (...) ces jours-ci nous allons voir se réunir à Istanbul le congrès de l'Alliance internationale des femmes auquel vont prendre part des déléguées du monde entier. (...)

Il est probable que Giraudoux a remarqué ce congrès, lui qui en décembre 1934 avait fait une série de conférences sur le féminisme [17].

Le conflit abyssin et la conférence de Stresa n'étaient pas sans rapport logique, puisque l'Italie prenait part aux deux. L'Italie se trouvait encore au printemps 1935 du bon côté, et son adhésion à la politique de l'Angleterre et de la France, Mussolini prenant position à Stresa contre l'Allemagne de Hitler, fut considérée comme une sûre garantie de la paix. W. d'Ormesson écrira plus tard :

Le Duce hésitait encore entre les deux camps. Il se demandait lequel serait le plus avantageux ? Ce fut l'un des moments

17. Jean Giraudoux, *la Française et la France.* Paris, Gallimard 1951, pp. 7-223.

fugitifs où peut-être l'on aurait pu saisir l'occasion de retenir l'Italie fasciste et de l'associer étroitement à la politique franco-britannique [18].

Cet espoir fut anéanti lorsqu'on apprit que Mussolini estimait qu'il avait eu en échange la pleine liberté d'agir en Éthiopie [19]. C'est un tel moment fugitif que Giraudoux nous cite dans la scène du « sommet » où les deux chefs

sont vraiment combles de paix, de désirs de paix. Et ils se quittent en se serrant les mains, en se sentant des frères. Et ils se retournent de leur calèche pour se sourire... Et le lendemain pourtant éclate la guerre... Ainsi nous sommes tous deux maintenant... (II, 13).

Les observateurs politiques étaient convaincus en 1935 que l'Éthiopie était condamnée. Et, qui plus est, beaucoup d'entre eux — peut-être aussi Giraudoux — croyaient qu'une attaque italienne contre l'Abyssinie amènerait une déclaration de guerre de la part de l'Angleterre, ce qui pousserait à son tour l'Italie vers l'Allemagne. Déjà le 15 mai *le Temps* écrit :

On ne dissimule pas d'ailleurs, dans certains milieux, que dans le cas où des difficultés seraient faites à l'Italie dans cette question, qu'elle estime intimement liée à son prestige et à sa mission civilisatrice en Afrique, le gouvernement fasciste pourrait prendre une décision concernant sa participation à la Société des nations.

On ajoute que toutes les critiques qui sont formulées contre la politique italienne sur ce terrain et spécialement celles de la presse britannique, ne font que nuire aux résultats de Stresa, tout en facilitant le jeu de l'Allemagne.

Les événements dramatiques du printemps 1935 ont profondément impressionné les commentateurs, ainsi Wladimir d'Ormesson, dans *le Figaro* du 21 avril :

18. Wladimir d'Ormesson, *les Vraies Confidences.* Paris, Plon 1962, pp. 243-244.
19. Max Gallo, *op. cit.,* p. 149 et ailleurs.

Se peut-il que dix-sept ans après la plus monstrueuse catastrophe de l'Histoire on en soit arrivé à envisager comme possible le retour de cette même catastrophe ? (...)

Je sais bien. Les dirigeants, les diplomates font ce qu'ils peuvent pour parer aux dangers. On négocie. On rédige des pactes et des communiqués. Les juristes ajoutent des virgules et des accents circonflexes. On va même, sur un ton solennel, jusqu'à condamner la rupture unilatérale des contrats. Mais, tout cela, c'est de la procédure. Où est le cri humain, jaillissant de millions de poitrines, qui fait justice de toutes ces folies ?

Cette indignation qui s'exprime vers la date à laquelle Giraudoux a eu l'idée d'écrire sa pièce, caractérise bien l'atmosphère morale devant la politique contemporaine. C'est Giraudoux qui répondra en articulant « le cri humain [20] ».

Il semble donc que Giraudoux, même en dehors de la scène de Busiris, n'ait pas pensé exclusivement aux relations franco-allemandes, mais aussi au conflit entre l'Italie et l'Abyssinie. L'ensemble des allusions politiques serait ainsi plus complexe que Desroches ne le donne à penser. Et ceci serait au fond plus compatible avec ce que nous savons de la manière de travailler de Giraudoux, de son imagination : ses personnages, par exemple, ne sont pas des portraits réalistes et psychologiques, mais ils ont souvent été caractérisés comme des archétypes. A cet égard, déjà le choix du milieu homérique peut confirmer cette impression : une longue tradition littéraire a rendu archétypes les personnages et les événements de la guerre de Troie. Archétypes également ceux de la pièce de Giraudoux, qu'on ne peut évidemment pas réduire à une pièce à clés.

Les deux manières plus limitées de lire le texte — l'interprétation « allemande » et l'interprétation « italienne » — ne sont pas incompatibles, mais peuvent être subordonnées à une

---

20. Giraudoux n'eut pas raison tout de suite dans ses prédictions, dans son rôle de Cassandre, ce qui contribua peut-être aux sentiments réservés qu'il nourrissait à l'égard de sa pièce. A ce sujet, Jean-Pierre Giraudoux raconte : « De toutes ses pièces, *La guerre de Troie n'aura pas lieu* est, à l'époque (entre 1936 et 1940), celle que Jean Giraudoux déclare aimer le moins » (*le Fils*, Paris, Grasset 1967, p. 85).

interprétation plus vaste. Nous avons vu que derrière ce qu'on a appelé des allusions contemporaines, il y a souvent toute une série d'événements du même type : rencontres au sommet, attentats politiques..., et on se rappelle que Giraudoux ne voyait, ou disait ne voir dans la pièce « aucune allusion ».

Mais nous avons aussi vu qu'une grande partie de l'intrigue politique de la pièce semble inspirée par des événements récents qui ont donné une nouvelle actualité à d'autres événements, plus éloignés.

On peut imaginer l'intérêt avec lequel le ministre plénipotentiaire lisait pendant la conférence de Stresa les rapports des journaux. Le moment décisif a sans doute été lorsqu'il faisait la combinaison entre la politique actuelle et la tradition littéraire. On pourrait préciser la date de cette illumination créatrice : le 15 ou le 16 avril. C'est ces jours-là que figurent dans les rubriques des journaux parisiens, non seulement le conflit italo-éthiopien et la conférence de Stresa, mais aussi le congrès mondial des femmes et l'attentat ourdi contre Mussolini.

Réunis dans un seul numéro de journal — celui du *Figaro* du 15 avril — on trouve plusieurs passages qui sont pour nous particulièrement intéressants. A la page 3 il y a la description des adieux de MM. Laval et Mussolini, non pas près d'une calèche comme chez Giraudoux [21], mais près d'une voiture de chemin de fer :

Les dernières minutes d'entretien du président du Conseil français avec M. Mussolini ont été des plus cordiales. Le chef du gouvernement italien, en capote grise de caporal d'honneur de la milice, était venu saluer à la gare le président du Conseil.

A la première page on lit une déclaration du Premier ministre anglais qui a pu retenir l'intérêt de Giraudoux :

Nous devons garder la porte de la paix ouverte jusqu'au dernier moment et, si elle doit être fermée, il ne faut pas que ce soit par nous. Laissons les autres le faire s'ils le veulent. De plus,

---

21. Dans la première version de la réplique, Giraudoux avait écrit tout simplement « voiture ».

si elle est fermée, il ne faut que ce soit dans la coulisse, mais dans la pleine clarté de midi (...).

L'éditorial à la même page cite M. Flandin qui dit — un peu comme Hector — que « la paix est une création continue [22] ». Et cet article contient lui aussi une métaphore théâtrale :

Enregistrons la bonne fin des conversations de Stresa. (...) Mais le public doit se garder de croire que la pièce soit finie (...).

Voilà peut-être l'origine de la double fin de la pièce.

A l'aide de toutes ces ressemblances entre les textes des journaux et celui de la pièce, on peut, semble-t-il, maintenant dater assez exactement cette conversation rapportée par Louis Jouvet :

— Il parlait fort peu des pièces auxquelles il travaillait. Quelques mots de temps en temps. Un jour il me demandait : « Que pensez-vous d'une pièce sur l'Iliade ? — Bonne idée. — La guerre de Troie, croyez-vous que ce soit un bon sujet ? — Certainement[23]. »

Disons que cette première mention de *La guerre de Troie n'aura pas lieu* a été faite vers le 17 septembre, et continuons la lecture de l'interview avec Jouvet :

Quelques jours après, il me disait encore : « J'ai trouvé mon titre. — Quel titre ? — Celui de la pièce dont je vous ai parlé. Elle s'intitulera : La guerre de Troie n'aura pas lieu. *Qu'en pensez-vous ? — Excellent. »*

Et en effet, « quelques jours après », le 21 avril, nous lisons cette rubrique dans *le Figaro,* qui semble confirmer notre théorie :

« Il n'y aura pas de guerre cette année », déclare M. Mussolini à un journaliste anglais.

GUNNAR GRAUMANN

22. Ou, comme Emmanuel Berl l'écrira dans *Marianne* le 17 avril, « une négociation continue ».
23. *Les Nouvelles du matin,* 18 décembre 1945.

LE POUVOIR D'ÉLECTRE

> « ... dans cette faiblesse la justice immanente,
> dans ce désarroi la croisade. »
>
> (*Armistice à Bordeaux*)

Giraudoux est un écrivain politique. Pas seulement dans *Bella* ou *Combat avec l'ange,* dans les deux *Siegfried* ou *La guerre de Troie.* On est tenté de dire que tous ses livres ont une dimension politique, qu'il s'agisse de notations et de connotations rapides ou bien de préoccupations explicites et primordiales. Cependant aucune des œuvres de fiction n'est que politique : *Bella* est aussi une histoire d'amour, *La guerre* est d'abord l'histoire d'Hélène et de Pâris, d'Hector et d'Andromaque. *Électre* et *la Folle de Chaillot,* qui traitent toutes deux du Pouvoir et de l'État, « engagées » toutes deux dans l'Histoire, de 1937 ou de la Libération, sont aussi l'histoire privée d'un être qui, frustré dans sa vie affective, en vient à sauver un peuple ou un pays. C'est cette imbrication d'une « psychologie » individuelle et d'un engagement politique qui est la cause essentielle de la complexité de ces deux pièces. Mais elle n'hypothèque en aucune façon la gravité de la pensée, et de la pensée politique.

Nous allons donc ouvrir à nouveau le dossier de la signification politique d'*Électre.* Le procès qui a débuté dès la première représentation continuera longtemps encore. Droite ? Gauche ? Droite ! Gauche ! Egisthe ! Électre ! Ordre ! Révolution ! Les questions sont nombreuses et font parfois tourner les têtes comme autant de commandements. On sait que l'objectivité est impossible, et serait sans doute ici stérile. Mais l'effort d'objectivité est à la fois possible, difficile, enrichissant. Voici quelques réflexions jointes au procès sous forme d'une tentative de mise au clair du pouvoir dont l'héroïne fait preuve sur les autres personnages, sur l'auteur lui-même, et sur le public innombrable de Giraudoux.

Interrogeons d'abord la pièce, en bonne méthode classique. L'examen des rapports entre les personnages fait apparaître qu'*Électre* illustre le pouvoir que l'un d'entre eux exerce sur les autres. Dans toute la pièce Électre rayonne. Par sa présence, ses pensées, ses paroles. Ch. Mauron a proposé deux schémas [1] qui l'un et l'autre indiquent quels sont les alliés d'Électre : le Mendiant, le Jardinier, la femme Narsès, Oreste [2]. Il faut joindre à cette liste Agathe, double d'Électre (plus que de Clytemnestre) à qui elle montre le chemin de la vérité et qui proclame elle-même qu'elle se range « dans son camp [3] » (II, 6, début). Ce sont tous les personnages sympathiques de la pièce. De l'autre côté, si l'on ne donne pas trop d'importance aux propos de cet imbécile Président, suffisamment ridiculisé dans l'acte II [4], et si l'on accorde à Électre que la conduite passée (ou même présente) de Clytemnestre à l'égard de ses enfants n'a pas toujours été un modèle de tendresse, il faut bien sûr s'attacher à l'Égisthe métamorphosé de l'acte II. On a pu oublier, à son langage de « roi », que s'il est alors « le mépris des injures, le courage, le désintéressement » (II, 8), il a longtemps représenté, dans un Argos prospère il est vrai grâce à lui, la tyrannie, le mensonge, la ruse, l'égoïsme, la peur. N'oublions pas non plus ce qu'a répété de nombreuses fois le Mendiant doué d'une clairvoyance divine [5] : Égisthe voulait « tuer » Électre (I, 3). Et si dans le meurtre d'Agamemnon, mari trompé et roi trop confiant, il pouvait y avoir une beauté [6], il ne saurait y en avoir

1. *Le Théâtre de Giraudoux*, pp. 150 et 158.
2. On peut leur attribuer, dans l'ordre, les valeurs archétypales suivantes : le monde animal, le peuple, une certaine forme de transcendance ; l'innocence du monde végétal, le peuple ; le peuple, la maternité véritable ; l'acteur tragique, la fraternité.
3. Ch. Mauron l'oublie : prisonnier de sa doctrine freudienne, il range à tort Agathe parmi les ennemis d'Électre alors qu'elle représente l'amour.
4. Quelle que soit la propension de Giraudoux à faire parler intelligemment les imbéciles mêmes (ici dans l'acte I).
5. Analogue à celle que Giraudoux possède à l'égard de ses personnages.
6. « Ah ! voilà pourquoi il était beau, Égisthe ! » (II, 9).

à tuer une jeune fille, ou un jeune homme, ou tous les opposants : « Pas d'exil, je tue[7] » (I, 3).

Butée souvent, batailleuse toujours, Électre est au centre de toutes les préoccupations et tous les autres personnages se définissent par rapport à elle. Elle est la vérité tragique, Égisthe est le mensonge, comme Démokos (qui était aussi le coassement). Même lorsqu'il est touché par la grâce du soleil levant, il est comparé à un « enfant teigneux » (II, 8, début). Même lorsque le roi s'est « déclaré » en lui, il tente de s'opposer à la vérité, feint de ne pas comprendre Électre, et ce n'est que forcé, harcelé par elle qu'il s'avouera coupable et affirmera — cette fois on doit le croire — qu' « il fixera lui-même son châtiment » (II, 8, fin). Électre a donc ce pouvoir de faire éclore la vérité.

Mais comment le roi s'est-il déclaré chez Égisthe ? Giraudoux, il faut le dire, n'a pas tranché. Reportons-nous aux paroles du « voyant » : « Je sentais que le roi allait se déclarer en vous ! Il y avait votre force, votre âge. Il y avait l'occasion. Il y avait le voisinage d'Électre » (II, 7). Plusieurs raisons donc, mais la dernière, comme dans tout ordre littéraire, n'est pas la moindre. Électre a le pouvoir de hausser les autres personnages, Agathe, le Jardinier, Oreste, Égisthe, et Clytemnestre elle-même, à leur plus haut niveau : à la hauteur de leur vérité. Et certes une ambiguïté demeure si l'on essaie de comprendre la raison de la générosité d'Égisthe : s'agit-il d'une véritable régénération du fourbe par le baptême de la beauté et de l'amour ? Ou bien est-ce plutôt le remords qu'Électre a réussi à éveiller enfin chez ce criminel ? L'orgueil, la confiance, l'aveuglement ne changent rien à ce fait : devenu « roi », il voit en Électre la source de toutes les valeurs et vient implorer d'elle « le sacre » qu'elle lui refuse obstinément. Parallèlement, de façon assez mystérieuse et par sa seule présence, Électre semble bien avoir eu ce pouvoir de faire éclore une révolte populaire. Le peuple d'Argos, soumis et satisfait au premier acte, au second veut « incendier les quartiers bourgeois » (II, 7), délivre Oreste, et par la bouche de la femme Narsès appelle Électre « ma fille » (II, 9, début).

Avant d'examiner si Giraudoux est pour autant partisan

7. Fin de la réplique : « Et maintenant j'ai tout dit sur Électre. »

d'une révolution, quelques mots à propos de la dernière scène sont nécessaires pour compléter ces brèves remarques sur la structure de la pièce. On ne peut manquer de rappeler que dans toutes les œuvres de l'auteur, toutes ses pièces, tous ses romans, les ultimes répliques ou les dernières phrases sont toujours celles par lesquelles Giraudoux donne la clé de la construction intellectuelle qui là s'achève et culmine. Qu'on se souvienne du « Demain tout recommence » du premier roman, du « Siegfried je t'aime ! » de la première pièce. Il s'agit souvent d'une aurore ou d'un matin, il s'agit à chaque fois d'une nouvelle naissance et d'un refus de la désespérance. Les mots de la fin sont toujours des ouvertures [8]. Or dans *Électre* l'aurore giralducienne est devenue l'expression visuelle de la justice. Dans le final tragique où l'héroïne se voit progressivement dépossédée par les Euménides de toutes ses raisons de vivre, Électre définit elle-même son absolu : « J'ai la justice, j'ai tout. » Alors seulement les Euménides se taisent, et le mot est métamorphosé en un tableau somptueux. La beauté de la phrase où la femme Narsès évoque l'aurore semble bien — à cette place —, la meilleure preuve que Giraudoux ne condamne pas ce moment, mais au contraire le magnifie. Les rythmes et les sonorités, les multiples effets d'échos lui donnent une haute qualité poétique et musicale.

Mais il reste à définir cette aurore.

Si les personnages sont portés au-delà d'eux-mêmes par Électre, Giraudoux lui-même a été emporté par sa pièce et par son personnage. Il faut pourtant rappeler l'interview citée par J. Body [9] :

8. On pourrait analyser toutes les dernières répliques des pièces dans cette perspective. Même le « Judith la sainte est prête », lourd d'ironie, n'est pas désespéré : la pièce est écrite, et la revendication qu'elle contient est formulée et résonne encore. Le mot « Amen » qui termine *Pour Lucrèce* n'est pas sans ambiguïté. Et la dernière réplique de *La guerre de Troie* donne aussi la parole à ce poète français : Giraudoux. Rappelons par ailleurs la fin de la première nouvelle de *la France sentimentale* : « Cela a un très joli nom, répondit Bellita. Cela s'appelle l'amour. »

9. *Giraudoux et l'Allemagne*, p. 382 (Interview par A. Warnod, *le Figaro*, 11-5-1937). On sourit d'entendre Giraudoux emprunter le langage du théâtre « à thèse ».

« La thèse que je soutiens dans ma pièce est celle-ci. L'humanité, par une fatalité d'oubli et par la crainte des complications, résorbe les grands crimes. Mais à chaque époque surgissent des êtres purs qui ne veulent pas que ces grands crimes soient résorbés et empêchent cette résorption, quitte à user de moyens qui provoquent d'autres crimes, et de nouveaux désastres.

Électre est de ces êtres-là. Elle atteindra son but, mais au prix d'effroyables catastrophes. »

Quelques réflexions viennent à l'esprit pour tenter d'expliquer ces phrases catégoriques [10] qui condamnent Électre alors que la pièce la valorise. Des considérations de politique intérieure tout d'abord : Giraudoux n'a sans doute pas voulu paraître cautionner le Front populaire de l'année précédente, et l'on retrouve ici l'indépendance foncière d'un homme très sourcilleux sur sa liberté d'écrivain. Considérations de politique internationale également ? Mais le futur auteur de *Pleins pouvoirs* qui avait depuis trois ans le rang de ministre plénipotentiaire, n'était pas de ceux qui s'estiment tenus de ne point montrer nettement leurs préférences ou leurs répulsions pour telle ou telle des idéologies qui se partageaient alors les pays d'Europe. L'explication fondamentale est ailleurs : l'œuvre d'art est le produit d'un autre « moi » que celui de Sainte-Beuve, qui en l'occurrence cherche sa voie dans la vie politique et les partis, ou qui répond aux journalistes. La clé d'*Électre* est à notre sens dans cette réflexion du critique de La Fontaine en 1936 : « Chaque vrai poète, dès qu'il foule sa terre de poète, n'est digne du nom de poète que s'il foule le souvenir de ses propres intérêts et de ses propres penchants [11]. » L'écriture littéraire, et l'œuvre qu'elle engendre, sont perçues par l'écrivain lui-même comme un dépassement

---

10. Et, en filigrane, certaines analyses de J. Body (*Ibid*, pp. 384 à 389), qui l'amènent à se demander si Giraudoux n'a été un « propagandiste naïf de l'hitlérisme », notamment lorsqu'il parlait de la nécessité d'« une politique raciale » en France impliquant une sélection de l'immigration.

11. *Les Cinq Tentations...* (*Œuvres littéraires diverses*, Grasset, p. 394).

absolu [12]. Giraudoux, qui dans *Électre* « foule sa terre de poète », y a été élevé à une hauteur où il respire l'air de la poésie qui lui est propre.

Cette terre ou cette atmosphère poétiques appartiennent avant tout à l'ordre du mythe. Car le dramaturge emprunte la même voie que le romancier : il fait du personnage principal de chacune de ses œuvres son porte-parole privilégié. Une double tendance fondamentale l'y conduit. L'entraînement de l'écriture d'une part, si net chez lui, qui fait que celui qui parle le plus, et peut-être dont on parle le plus [13], est toujours le personnage par lequel, sous un masque, Giraudoux pudique et secret s'est davantage confié. Le pouvoir contraignant de l'imagination d'autre part, qui accompagne ou précède cet entraînement de l'écriture, et qui fait que si Giraudoux écrit sur les mythes grecs d'Amphitryon ou des Atrides, c'est au premier chef parce qu'il a été inspiré par les figures d'Alcmène et d'Électre, que leur personnalité traditionnelle et leur destin l'ont séduit. De Siegfried à Lucrèce, tous les héros des pièces sont autant d'incarnations de Giraudoux, dont le trait commun semble bien être une commune volonté de refuser le mensonge et d'atteindre la transparence.

Cette fois encore Giraudoux a voulu actualiser un mythe. Il a « épousseté le buste d'Électre [14] » en projetant sur lui, sans le reprendre entièrement à son compte, l'éclairage philosophique de son temps, celui de Marx et de Freud.

Envisageons tout d'abord rapidement la psychanalyse, qui ne relève pas — du moins directement — du domaine politique. Certes le psychisme créateur de Giraudoux l'a conduit à ce personnage d'Électre qui est bien chez lui le seul à ce point acharné à élucider le passé [15]. Giraudoux s'est même

12. Le « moi » que Proust a mis en lumière dans son *Contre Sainte-Beuve* pourrait sans doute être rapproché du « moi créateur » distingué du « moi social » par Ch. Mauron (*op. cit.,* p. 17).

13. Le rôle d'Électre, d'après un relevé rapide du nombre et de la longueur des répliques, est le plus chargé de la pièce avec celui de son allié le Mendiant. Celui d'Égisthe est d'une importance assez nettement moindre.

14. *Cf.* le titre de l'interview accordée à A. Warnod et citée plus haut.

15. Une sorte de crainte ou de pudeur du passé caractérise presque tous les autres ; mais Nelly, créée à la même époque, a des souvenirs d'enfance assez atroces (*la Menteuse,* pp. 41 à 46). Cependant Giraudoux a toujours multiplié dans ses œuvres les références aux rêves et à l'inconscient.

attaché à mettre au grand jour les virtualités psychanalytiques du mythe antique, ce complexe d'Électre qui est l'inverse de celui d'Œdipe. Les faits ont été souvent relevés [16]. Mais il a voulu que la haine d'Électre réponde aux sentiments de Clytemnestre : à sa haine pour Agamemnon, et plus généralement à sa sécheresse de cœur que le Mendiant dénonce (I, 13). Agamemnon représente pour Électre une figure de l'absolu ; il est aussi la pierre de touche de la pureté morale collective : la femme Narsès l'admire (II, 9). De sorte que s'il y a un conditionnement d'Électre à la dureté, qui a sa source profonde dans l'inconscient du « personnage » ou de l'auteur, on peut être impressionné par la continuelle lucidité dont l'héroïne fait preuve, et on doit alors souligner la « sublimation » qu'elle représente : parce qu'en elle l'enfant qu'elle fut a souffert injustement, elle a conscience d'incarner la revendication, même inconsciente, de la souffrance universelle. Quelle est donc la visée de Giraudoux ? Il semble en fait s'interroger sur la pureté illusoire des « purs ». Sa position doit donc être cernée dans toutes ses composantes : la sensualité n'est nullement condamnée en elle-même ; la tension vers la pureté morale est valorisée ; l'innocence est pourtant un leurre et Électre perdra à la fin de la pièce la paix de sa conscience. Mais la dénonciation de cette illusion ne saurait signifier une condamnation du personnage. Adversaire déclaré de la doctrine freudienne dans ses autres œuvres [17], Giraudoux ne pouvait dans *Électre* se déjuger. Sauf à le mettre en contradiction avec lui-même, on est ainsi conduit à s'interroger sur le deuxième aspect « moderne » de la pièce, celui de la justice sociale. La tentation est alors grande de reconnaître une origine inconsciente au sentiment de l'injustice, mais non pas sans doute à cette valeur qu'est la justice.

16. Par exemple par J. Body (*op. cit.*, p. 380) et Ch. Mauron (*op. cit.*, chapitre « Électre »).

17. Voir « Mirage de Bessines » dans *la France sentimentale*, ou « Gérard de Nerval » dans *Littérature*. Dans *les Cinq Tentations de La Fontaine*, il reprend en 1936 sa critique de l'interprétation freudienne de l'inconscient, regrettant de ne pas vivre « à une époque où les théories des psychiatres n'avaient pas fait de la subconscience une personne terriblement plus raisonneuse et claire que la conscience elle-même » (*Œuvres littéraires diverses*, Grasset, p. 340).

L'éclairage marxiste, quant à lui, amène quelques répliques — sur la faim qui est le destin des pauvres, sur la grève par laquelle les ouvriers « se déclarent » — et la grande originalité de la pièce : l'alliance d'Électre et du petit peuple. Le plateau envahi par la foule en est l'expression scénique et visuelle, mais on peut juger que sa plus poétique illustration est la « déclaration » d'Électre : « A moi aussi, ce matin, à l'heure où l'on vous donnait Argos, il m'a été fait un don (...). » Il est évident que « la justice », visée permanente et obsédante de l'héroïne, — et non la vengeance —, ne peut que faire songer au Front populaire, de même, dans une certaine mesure, que le dénouement de la pièce, où l'atmosphère est celle d'une revanche populaire et d'une joie contenue, à quoi s'ajoute cette anticipation proche ou lointaine que sont les massacres dus à une intervention étrangère. Doit-on alors se poser cette question brutale : Giraudoux est-il marxiste ?

Il faut tout d'abord rappeler que la préoccupation « sociale » est moins étrangère à Giraudoux qu'il pourrait le sembler. Dans l'univers édénique de ses œuvres résonnent quelques notes graves qui laissent deviner à quel point la création poétique et idéalisante est le résultat d'un choix conscient. On se contentera de signaler quelques faits. La même année 1937, Giraudoux écrit qu'à la mort de Charles-Louis Philippe « la France perdait le seul de ses écrivains qui, né du peuple n'eût pas trahi le peuple en écrivant [18] ». Le mot de « bourgeois », dans son œuvre de critique littéraire recueillie dans *Littérature,* sert continuellement de repoussoir, et singulièrement dans la condamnation du romantisme français. Rappelons simplement cette définition qui date de 1930 et qui mériterait d'être plus connue : « J'appelle bourgeois ce qui est, par opposition à tout ce qui tend à être. » Elle est suivie d'une allusion à un poète voleur qui en 1830 « fut condamné à fabriquer des manches de couteau à la prison de Poissy », elle-même suivie de cette « digression » : « Les lames étaient

---

18. *Littérature,* Grasset, p. 104. Les conférences sur *les Cinq Tentations de La Fontaine* déplorent longuement, en 1936, l'absence de toute « expression de la misère » dans la littérature française, dont des « considérations sur la misère » tiennent la place (*Œuvres littéraires diverses,* p. 383 ; voir également p. 374).

fabriquées à Thiers par des hommes en liberté couchés sur le dos dans l'atelier pendant quatorze heures[19]... » On pourrait citer bien des pages, de *Jérôme,* de *Combat avec l'ange,* du *Supplément* ou de *La guerre,* qui prouvent à qui veut les entendre la sensibilité de Giraudoux à la souffrance, et à la souffrance populaire. *Électre* s'inscrit donc dans la continuité d'une certaine inspiration giralducienne.

Mais Giraudoux, écrivant une pièce fondée sur la justice, se refuse à dissocier souffrance sociale et souffrance métaphysique. Le peuple y est représenté par « tous les mendiants, les infirmes, les aveugles, les boiteux ». « La Justice, quoi », dit le Mendiant[20] (II, 9, début). Parodiant celui-ci[21], mais en faisant l'économie d'une longue démonstration, on est amené à conclure à cette évidence : Giraudoux n'est « donc » pas marxiste et ne poursuit pas dans *Électre* un but proprement « révolutionnaire ». Car si Giraudoux, souvent hostile à la bourgeoisie, bon, sensible, intransigeant, a écrit et ne pouvait écrire que « pour » Électre, il n'en a pas pour autant des opinions extrémistes[22]. Le mot « révolution » n'est d'ailleurs jamais prononcé dans la pièce, si celui d' « émeute » l'est plusieurs fois, dont une fois dans une réplique qui frappe :

« (...) *Ta vérité, si elle l'est, trouvera toujours le moyen d'éclater un jour mieux fait pour elle.*
L'émeute est le jour fait pour elle » (II, 8).

Mais de quelle émeute s'agit-il ? N'est-ce pas de l'insurrection de la vérité et de la conscience plutôt que d'une action

19. *Littérature,* p. 203 (« De siècle à siècle, 1830, 1930 »).
20. La majuscule est importante. On songe à l'humanité présentée à Jupiter à l'acte III d'*Amphitryon 38* (scène 1 : « Rassembler pour fêter Jupiter les bossus et les boiteux ! »).
21. « Électre n'a donc pas poussé Oreste » (I, 13).
22. Sur ce point J. Body ironise à juste titre : « Brève et soudaine lueur sur Giraudoux révolutionnaire ! » (*op. cit.,* p. 382). La lutte des classes est en effet pour le moins estompée dans la pièce, et la notion d' « exploitation » n'apparaît que très peu. On sait d'autre part que Giraudoux rangeait l'U.R.S.S. en tête des « nations tyranniques » (rappelé par J. Body, p. 388 — *De Pleins pouvoirs à Sans pouvoirs* p. 86).

proprement politique et sociale [23] ? La justice n'aura jamais fini d'être un ferment de pensée et d'action, et son exigence est inscrite au plus profond de la sensibilité humaine — et peu importe si Giraudoux n'a pas su à l'époque en quelle politique incarner cette vérité essentielle, mais la faute n'incombe pas à lui seul. L'important est qu'il ait su l'incarner dans une pièce, et qui dure.

Le mythe d'Électre a donc eu ce pouvoir d'amener Giraudoux à écrire une pièce qui, tout en abordant presque de front la psychanalyse, traite d'un problème ressenti au XXᵉ siècle comme fondamental, celui de la justice. Giraudoux ne l'avait certes jamais ignoré, mais sans doute par crainte d'un moralisme simplificateur il n'avait pas jusqu'alors osé le traiter. C'est pourquoi il est essentiel de rapprocher *Électre* de *l'Impromptu de Paris*, et de prendre conscience que la fraternité avec les pauvres, donnée de base chez Giraudoux, annonce *la Folle de Chaillot*. Dans *Électre*, face à l'imposture du pouvoir d'Égisthe, Giraudoux fait moins l'apologie de la révolution qu'il ne dit les droits imprescriptibles de la conscience morale, donc de la justice, dans tout régime politique, toujours fondé par nature sur l'ordre établi, c'est-à-dire toujours peu ou prou sur le désordre établi. Ces droits, il les proclame à la face de ceux qui s'accommodent du « petit bonheur » (II, 3), de la vie sans dignité, de la prospérité matérielle et de l'indigence morale, du mensonge et de la peur. Que Giraudoux ne souhaite pas pour la France le régime d'ordre efficace qu'Égisthe fait peser sur Argos est une certitude. Giraudoux est toujours du côté de l'intransigeance : du côté d'Électre, de Judith, d'Hector [24]. Il était pacifiste en 1935 — à tort sans doute, à court terme. En 1937 il annonce avec *Électre* le rôle qu'il veut voir tenir à la France : être la conscience du monde (dernières pages de *l'Impromptu de Paris*). On peut critiquer cet idéalisme, il faut pourtant cerner les traits qui le définissent. Alors s'explique, par exemple, une

23. La réflexion d'Électre qui suit prouve que le débat se situe tout autant au niveau des principes philosophiques : « C'est là ce qui est si beau et si dur dans la vérité, elle est éternelle mais ce n'est qu'un éclair. »

24. Hector est l'intransigeance, et non Démokos : « Où est la pire lâcheté ? Paraître lâche vis-à-vis des autres, et assurer la paix ? Ou être lâche vis-à-vis de soi-même et provoquer la guerre ? » (*la Guerre de Troie*, I, 6).

réplique que J. Body juge dictée par « la rage mystique » ou « le délire révolutionnaire » (*op. cit.*, p. 381) : « Cela va coûter des milliers d'yeux glacés, de prunelles éteintes. — C'est le prix courant. Ce n'est pas trop cher. » Peut-on refuser en Europe, en 1937, de voir la mort en face, d'affronter le risque capital pour soi et pour les autres ? Électre incarne une nécessité tragique. Le « petit bonheur » qu'elle refuse va bientôt trouver sa signification amère dans la France occupée. Par son intransigeance, son attachement aux principes, son mépris des contingences, Électre annonce l'état d'esprit de la Résistance [25].

Dans la perspective d'un pouvoir du personnage et du mythe sur le lecteur et sur le public, on est donc amené à parler d'un Giraudoux « prophète ». Lui-même y autorise lorsqu'il affirme : « L'écrivain ne peut revendiquer la profession d'écrivain que s'il est prophète [26]. » La création littéraire ne fait pas seulement dépasser au poète ses « penchants » et ses « intérêts », mais aussi son époque et son présent. Il faut donc restituer à Giraudoux comme à *Électre* la perspective du très long terme [27]. Électre doit hausser le lecteur ou le spectateur au-dessus de lui-même. Face au pouvoir politique elle représente le pouvoir de l'esprit, et c'est le génie de Giraudoux d'avoir lié cet esprit à la sensibilité et à la morale, dans ce « pays » de l'héroïne « qui est à la fois la tendresse et la justice » (II, 8, fin de la « déclaration »). J. Body note à propos de l'orientation de toute l'œuvre de Giraudoux : « Le jeu de l'écrivain consiste à rapporter les mensurations de cette humanité mesquine à l'échelle vraie de l'infini » (*op. cit.* p. 164). Mais ce jeu n'est pas gratuit. Tout se passe comme si

25. On est frappé que les valeurs qui définissent le mythe de Jeanne d'Arc (le peuple, la pureté, l'espérance) soient celles sur lesquelles s'appuie Électre. Rapprochement étroit de deux mythes.

26. *Souvenir de deux existences,* p. 90 — écrit en 1941.

27. Il convient de laisser sans réponse cette question : quel régime politique serait aujourd'hui atteint dans ses assises mêmes par la revendication d'Électre ? A l'Histoire d'interroger les phrases d'Électre ou d'Égisthe (« J'ai toujours feint d'accorder une importance énorme aux délits et dérisoire aux crimes » — I, 3).

Giraudoux se servait de l'Égisthe métamorphosé de l'acte II pour condamner une conception étriquée du nationalisme ou du patriotisme, en face de l'idéalisme d'Électre qui seule atteint à l'universalité des valeurs. Osons dire qu'au-delà de la réfutation du slogan « la France aux Français », il s'agit du destin non seulement de la France mais de l'humanité. Sa pensée « politique », un écrivain l'exprime dans sa création littéraire. Nourrie des éléments fournis par l'actualité (le Front populaire, la Guerre d'Espagne, l'U.R.S.S., le nazisme), *Électre* ouvre des voies infiniment plus vastes que l'action politique du futur ministre. Le personnage central, comme Suzanne, comme Jérôme, comme tous les héros et toutes les héroïnes de Giraudoux, est l'incarnation de l'esprit d'absolu. Grâce à Électre, Giraudoux, éclairant la réalité à la lumière de l'imagination, réussit presque à faire de l'action « la sœur du rêve ».

On dira que c'est oublier qu'Argos est détruit à cause d'Électre et de la guerre civile que sa présence déclenche, et que bien inquiétant est cet idéalisme qui lui fait assurer de sa ville « qu'elle renaîtra », de tous ces morts que « s'ils sont innocents, ils renaîtront » (II, 10). Car cette pièce, qui plus qu'une autre tend vers l'intemporel du symbole et des archétypes, est en même temps tournée plus qu'une autre, comme *La guerre de Troie* pourtant, vers l'histoire et le moment présent : France, Europe, 1937. En entendant telle affirmation d'Électre selon laquelle « Il est des regards de peuple mort qui pour toujours étincellent » (II, 8), on peut donc penser aux sacrifices de certains peuples au xxᵉ siècle, et tout aussi légitimement à la survie de la pensée grecque longtemps après la civilisation de Périclès[28]. L'absolu est en fait inséré dans le temps : « Il est des années où le gel est la justice pour les arbres, et d'autres l'injustice. (...) Mais quand le crime porte atteinte à la dignité humaine, infeste un peuple,

---

28. Le « regard » est l'âme d'un peuple, il a en lui seul valeur de mythe. Il peut briller au-delà de la mort. Dans *Pleins pouvoirs*, Giraudoux s'interroge sur le rayonnement de la France : « La question est de savoir si cette lumière est sa lumière actuelle. Les pays sont comme les astres : ils peuvent étinceler et éclairer des siècles après leur extinction » (*De Pleins pouvoirs à Sans pouvoirs*, p. 115). *Électre*, en ce sens, exorcise au théâtre cette mort que Giraudoux refuse pour la France.

pourrit sa loyauté, il n'est pas de pardon » (II, 8). Les meurtres du dénouement ne sont donc pas de même nature dans la pièce que celui d'Agammemnon, et on ne saurait à cette phrase de l'héroïne se tromper sur les sympathies de Giraudoux. Électre n'en finira jamais de nous interroger, de nous solliciter, de nous pousser à des choix décisifs.

Son pouvoir et son rayonnement s'expliquent : elle est une des figures les plus attachantes de la féminité chez Giraudoux. Outre sa quête passionnée de la transparence qui l'apparente à toutes les héroïnes précédentes, elle rappelle certaines d'entre elles par des traits particuliers : de Suzanne elle a gardé l'ouverture à la vie cosmique, de Bella le rôle de justicière politique, de Judith l'orgueil souverain, d'Hélène l'indifférence apparente, d'Andromaque l'exigence morale. Elle concilie donc des pulsions contradictoires : celles de Maléna du *Combat,* désespérément tendue vers les humbles, dans un dolorisme stérile, et celles de Gladys, son double insensible et cruel. Belle, « droite comme toutes les fleurs qui ne croient pas au soleil » (I, 2, début), elle peut comprendre la psychologie d'Oreste et devine son souhait d'entendre dire « que les humains sont bons, après tout, que la vie après tout est bonne » (II, 3). Mais le Jardinier peut tenir ce langage, il n'est « plus dans le jeu » (Lamento), alors qu'il est arrivé à Électre un matin de « se réveiller pour toujours sur l'épouvante » (II, 1). Loin d'être une simple « femme à histoires », elle est une de celles qui « ont sauvé le monde de l'égoïsme » (I, 2), elle est « l'embêteuse du monde », comme Jouvet le dit de la France dans *l'Impromptu de Paris*[29]. Pour le Mendiant, substitut justicier d'une divinité défaillante[30], elle est la fraternité, car « la fraternité est ce qui distingue les humains », et « la ménagère de la vérité » (I, 13). Parce que son essence est « quelque chose comme le devoir » (II, 7), elle

29. Fin de la pièce. « Dans l'application de la justice intégrale, elle vient immédiatement après Dieu, mais chronologiquement avant lui. »

30. « Dans ce pays qui est le mien, dit Électre, on ne s'en remet pas aux dieux du soin de la justice » (II, 8). Le Mendiant aussi s'est « déclaré », en pesant les mains d'une boulangère à Corfou (I, 3) : redresseur de torts, comme Électre, comme la Folle, comme la France selon Giraudoux. Les Euménides représentent le visage pervers et hostile du Destin : elles ont enchaîné Oreste avant que le peuple le délivre.

incarne ce moment de la vie collective ou individuelle où l'on doit se refuser à la pitié. Mais Égisthe l'a deviné : « Tu es douce, Électre. Au fond de toi-même tu es douce » (II, 8, fin). Ouverture et fermeture, action (par le verbe) et rêve (très concret), impassibilité et hypersensibilité, Électre, vierge à la sensualité exacerbée, est à la merci des interprètes et des metteurs en scène. « Je l'attendais d'un cœur de pierre, de marbre, d'albâtre, d'onyx, mais qui battait et me fracassait la poitrine. » On peut certes accentuer sa rigidité, mais on peut aussi faire sentir un déchirement sous la détermination, une souffrance continuelle dans l'intransigeance. Qu'elle « aime les fleurs », qu'elle n'ait pas poussé Oreste, le Mendiant doté d'un savoir divin nous l'affirme, voilà qui devrait conduire à humaniser le personnage [31].

Mais il s'agit avant tout d'un mythe et d'un archétype. Le temps n'est plus où l'on pouvait préférer Nausicaa à Antigone [32], ou bien ce ne sont que nostalgies d'enfance. « Nous ne sommes plus dans une époque où l'orateur ou l'écrivain ait le loisir de choisir ses sujets. Ce sont les sujets aujourd'hui qui le choisissent [33]. » L'important est ici que l'avènement de la justice et celui de la vérité soient dans la construction de la pièce rigoureusement simultanés [34]. Giraudoux se préoccupe alors dans *Pleins pouvoirs* de diagnostiquer les maux de son pays à un moment tragique de son histoire. S'il sait qu'il faut parfois mentir dans l'action, comme Hector, sur des broutilles, il veut atteindre et créer, par le style et la création littéraire — par le théâtre surtout — une vérité supérieure. Il formule la même année son diagnostic sur le théâtre français, « gravement atteint dans sa noblesse qui est le verbe, et dans son honneur qui est la vérité » (*l'Impromptu,* sc. 3). En dernière analyse, c'est donc cette simultanéité « dramatique », à tous les sens

---

31. L'idéalisation de la femme, qui est une donnée de base de la création littéraire chez Giraudoux, l'amène ici à voir en toute figure féminine « la haine de l'injustice et le mépris du petit bonheur » (II, 3). Cette idéalisation explique le chantage final, qui sans elle serait odieux : « Tuez-la, Égisthe. Et je vous pardonne » (II, 8, fin).

32. *Cf.* la phrase de la « Prière » dans *Juliette* que rappelle J. Body (p. 382).

33. Phrase d'ouverture de *Pleins pouvoirs.*

34. *Cf.* les récits du Mendiant (II, 9).

du mot, de la justice et de la vérité qui fonde le pouvoir « révolutionnaire » durable de la pièce sur le public. Électre représente moins une révolutionnaire que le contre-pouvoir que l'écrivain constitue dans la société. La réalité politique, sociale, économique, se propose à l'écrivain, au peuple, à l'homme politique. Seul l'écrivain est en mesure d'imposer — sans contrainte, à la différence de l'homme d'État — le contre-pouvoir de l'esprit. *Électre* ne se comprend que si on la rattache à la transcendance de l'art et du théâtre, qui est une des convictions essentielles, ou un acte de foi, de Giraudoux. Le personnage a dans la pièce une situation analogue à celle de l'écrivain dans la société : par le pouvoir de leur présence, de leur conscience, de leur verbe, l'un et l'autre font éclore la vérité, l'un et l'autre ont le pouvoir d'infléchir de façon radicale, à court ou à long terme, les événements et l'histoire. Une commune contestation de la réalité les unit.

Le même idéalisme rigoureux fonde donc le pouvoir d'Électre sur les autres personnages, sur l'auteur et sur le public. Électre ou le pouvoir de l'esprit ; *Électre* ou le contre-pouvoir de l'écrivain. Admirables couplets, admirables échanges, admirable assaut de coups donnés et reçus, d'une violence tout à fait inhabituelle chez Giraudoux, qui vient de loin et qui va loin, — et admirable lamento : « Évidemment la vie est ratée, mais c'est très, très bien, la vie (...). » Pièce qui semble tout entière écrite avec la sensibilité d'un écorché vif, maître pourtant de ses effets jusqu'aux moindres frémissements de la phrase. Pièce d'une invention, d'une habileté, d'une complexité aussi proprement saisissantes — mais on pourrait dire de Giraudoux ce que le Contrôleur dit d'Isabelle dans *Intermezzo* (III, 3) : « Si les mauvais esprits le trouvent compliqué, c'est justement qu'il est sincère... Il n'y a de simple que l'hypocrisie et la routine. »

Proust recherchait son « temps perdu », et parvenait au « temps retrouvé » par la résurgence en lui des sensations de son passé, qui lui révélait à la fois « l'essence des choses » et « notre vrai moi », « affranchi de l'ordre du temps ». Giraudoux a choisi la méditation sur les mythes. Il se définit ainsi par sa recherche obstinée d'un avenir humain, sa quête passionnée d'un absolu terrestre, tout entier tourné vers la réalisation des « possibles » de l'homme, dans une interrogation continuelle qui marque la préoccupation obsédante d'un devenir. Pour lui le style a valeur ontologique, et la création littéraire est un acte contribuant de façon privilégiée à la réalisation de l'essence de l'homme — qui ne se réalisera jamais[35]. Une des dernières phrases[36] du dernier livre composé, *Souvenir de deux existences*, définit la mission de l'homme et de l'écrivain : « L'affirmation du futur, la négation du présent. »

ALAIN DUNEAU

35. « Il n'est de parfait, en ce bas monde, que les calamités » (*Littérature*, « Tombeau d'Émile Clermont »).
36. On peut la rapprocher de la définition du « bourgeois » citée plus haut.

GIRAUDOUX
ET L'IDÉE DE MESURE NATIONALE

Bien que l'étude de la relation entre la pensée politique de Jean Giraudoux et celle du général de Gaulle ait été amorcée par Pierre Doumec dans son ouvrage *En pensée avec Giraudoux*[1], une analyse approfondie de cette question reste encore à construire. J'ai pour ma part eu l'occasion de poser quelques jalons supplémentaires dans une étude intitulée « Le sceptre et le balancier[2] ». Les lignes que je propose ici sont plus centrées sur Giraudoux que sur de Gaulle, mais forment l'autre volet d'un diptyque consacré à la France en tant que mesure nationale. Le terme de mesure est d'ailleurs emprunté à un troisième homme dont les préoccupations semblent avoir été très proches de celles des deux ministres de la Troisième République. Dans la période qui a précédé la Seconde Guerre mondiale, Denis de Rougemont écrit : « Si les Français sont nationaux, c'est parce qu'ils sont les descendants des Jacobins. Et tout le reste est nationalisme. C'est le parti radical qui est national. Il l'est si bien qu'il n'a même plus l'idée de le dire[3]. » Il n'est pas question ici de présenter Jean Giraudoux comme l'un des témoins de la France radicale, bien qu'il le fût implicitement, mais de le voir dans un dépassement du national comme l'un des précurseurs d'un essentialisme structural[4] qui lui donne droit de cité au cénacle des Sciences sociales.

1. *Les Cahiers de Claudie.* Constant Bourquin. Genève, 1947.
2. In *Espoir* (revue de l'institut Charles de Gaulle). N° 14. Plon, mars 1976.
3. *Penser avec les mains* (Idées), Gallimard, 1972, *note*, p. 105.
4. Charles P. Marie, « Les possédés de transcendance », in *Claudel Studies*, volume III, Number 1, University of Dallas, 1976.

On aurait tort de compter sans le temps dans l'histoire d'un peuple ; c'est sans doute là l'une des constatations faites par Jean Giraudoux alors que pour *Pleins pouvoirs* il composait son analyse de la France et des Français :

« Bref le pays, certes, remplit encore ses grands offices, la lumière qui émane de lui semble la même. La question est de savoir si cette lumière est actuelle. Les pays sont comme des astres : ils peuvent étinceler et éclairer des siècles après leur extinction[5]*. »*

Il faut être conscient de l'usure des nations, des civilisations. L'état synchronique d'une société permet à un moment donné du temps de révéler « des ans l'irréparable outrage » dans un éclairage diachronique. Giraudoux conçoit cette double dimension comme indispensable à son analyse.

Entre la peinture utopique de la société qu'il décrit dans *Intermezzo* et l'époque où il élabore *Pleins pouvoirs* la zone d'indétermination va grandissant et Jean Giraudoux devient de plus en plus conscient de la présence d'un malaise dans la société française de l'avant-guerre. Son diagnostic est, comme on aurait pu s'y attendre, celui d'un moraliste ; c'est aussi celui d'un structuraliste avant la lettre. Par ailleurs, l'analyste qu'il est s'appuie sur la qualité d'investigation qui a donné Balzac et qui fait le bon historien, l'observation impartiale :

« Pour l'observateur impartial, il ne peut y avoir de doute, on ne saurait contester qu'il y a relâchement dans la trame morale des nations[6]*. »*

Il faut retenir, outre l'idée de nation posée comme principe premier, et sur laquelle on ne saurait manquer de s'arrêter, le jugement de valeur portant sur « un relâchement moral » ainsi que l'expression du temps projetée sous la forme spatiale qu'est « une trame ».

Comme nous l'avons inventorié dans notre ouvrage *la Réalité humaine chez Jean Giraudoux*[7], l'œuvre giralducienne

---

5. *De Pleins pouvoirs à Sans pouvoirs*, p. 115, Gallimard, 1950.
6. *Ibid.*, p. 115.
7. La Pensée universelle, Paris, 1975.

consiste en l'analyse détaillée des mouvements de la décrépitude d'êtres à l'origine généralement quasi parfaits, que la tradition a reconnus sous le nom de héros, et qui sont, comme Jean-Paul Sartre l'a fort bien vu à propos de *Choix des Élues*[8], des archétypes d'un genre essentiel. Il n'est pas surprenant que parallèlement à l'analyse qu'il faisait des hommes, Giraudoux ait poussé son enquête dans le domaine des nations. La France de Michelet lui offrait un champ d'investigations particulièrement approprié puisqu'il était convenu de la présenter non pas comme simple pays, mais bien en véritable personne morale : *la France.*

On pourra établir dans une translation qu'il en est de la France de Giraudoux comme des personnages de son œuvre et que, comme Sartre l'a montré d'une façon quelque peu irrévérencieuse, alors qu'il parlait des fameux cornichons de *Choix des élues*[9], en rapportant le mot de M.-L. Bidal : « Toutes choses restent ce qu'elles sont à l'aise dans leur essence [10]. » Toutefois, si l'état d'excellence devait être atteint à un moment donné de la durée, il ne peut résister à l'action du temps. L'essentialisme des êtres et des choses au sommet de leur développement ne peut être après un temps qu'un témoin d'une évolution qui, n'en déplaise à M. Sartre, ne saurait ressembler à un *repos*[11].

Le lecteur du *Cours de linguistique générale* n'aura pas manqué de relever une petite phrase en apparence anodine :

« *C'est une mauvaise méthode de partir des mots pour définir les choses*[12]. »

Chez Giraudoux, les choses sont avant les mots. Le signifié précède chronologiquement son signifiant et lui donne un sens parfait qui est son sens. Cela Sartre l'avait bien senti qui écrivait :

« *Et même chez les cornichons, qui pour la plupart, se*

---

8. In *Situations I* (M. Giraudoux et Aristote), Gallimard, 1947.
9. Jean Giraudoux, Grasset, 1938.
10. *Giraudoux tel qu'en lui-même,* Corrêa Buchet-Chastel, 1956, p. 140.
11. *Op. cit.,* p. 83.
12. Ferdinand de Saussure, *op. cit.,* p. 31.

bornent, avec abnégation, à réaliser le type achevé du cornichon, quelques rares privilégiés ne laissent pas d'être pourvus d'un archétype singulier : " Elle alla chercher un cornichon. Bien qu'on ne choisisse pas les cornichons, elle lui obéit, elle prit celui qui, par son architecture, sa sculpture, ses reliefs, revendiquait le titre de cornichon du chef de famille[13] ! " »

L'idée étant tout d'abord bien définie, il est possible de la relier au signe linguistique qui l'exprimera et qui en établira les limites. Dans une translation dont les partenaires sont le héros essentiel et la France, une notion semblable se dégage du chapitre de *Pleins pouvoirs* intitulé « La France de toujours : notre conscience. » Ainsi Giraudoux écrit :

« *Je m'explique : lorsque vous prononcez le mot* Angleterre, *ou le mot* Chine, *une évocation d'un certain ordre s'opère en vous. Lorsque vous prononcez le mot* Anglais *ou le mot* Chinois, *une autre évocation s'opère qui complète de détails l'évocation générale*[14]. »

Certains diront sans doute que Giraudoux a la généralisation facile et qu'à le suivre sur cette pente, le Français risque d'apparaître coiffé du fameux béret et porteur d'un rang d'oignons ou du litre de rouge. Du prototype recherché, on passerait allègrement au stéréotype le plus vulgaire. Pour l'essentialiste qu'est Giraudoux, sa pensée procède du principe d'excellence qui est norme de perfection et qui découle d'une connaissance parfaite dont le point de départ est l'objet qui « s'objectivise » aux yeux de l'analyste. C'est ainsi qu'il peut affirmer :

« *Bref, le nom de la nation contient pour votre imagination toute sa richesse, sa particularité, son rôle prédestiné dans le théâtre des nations, et il n'est pas un de ces noms qui ne soit un programme*[15]. »

Vient se greffer sur l'idée de nation, celle de national : sur

13. *Op. cit.*, p. 86.
14. *Op. cit.*, p. 114.
15. *Ibid.*, p. 114.

le mot Angleterre, le mot Anglais, sur le mot Chine, le mot Chinois, sur le mot France, le mot Français qui sont en quelque sorte leur matérialisation signifiante. Pour saisir les rapports qui pourraient lier ces couples, Giraudoux préfère un instant s'éloigner de l'exemple des sociétés humaines pour s'en référer aux animaux doués de l'instinct dont l'homme moderne et raisonnable est de plus en plus dépourvu, semble-t-il, et qui les rattache, eux, aux grands cycles du Cosmos. On comprendra mieux le rapport sémiologique :

$$\frac{France}{Français}$$

quand on aura réfléchi aux ensembles donnés par la constance animale :

$$\frac{Ruche}{Abeille} = 1 \qquad \frac{Fourmilière}{Fourmi} = 1$$

En régime libéral, dans le cas de l'homme, la situation se complique car l'animal est « supérieur », donc changeant :

« *Le nom du national n'est pas constant par rapport à ce nom de la nation, comme l'est, par exemple, le mot* abeille *par rapport au mot* ruche *ou le mot* fourmi *par rapport au mot* fourmilière. *Alors que le mot* abeille *est aussi constant que le mot* ruche, *du fait de la perfection limitée, mais constante, des insectes, la signification du nom du citoyen peut varier par rapport à celle du nom de patrie* [16]. »

En pratique, dans la majorité des cas présentés par l'Histoire, le rapport est le suivant :

$$\frac{France}{Français} \neq 1.$$

Il y a décalage.

L'idéal est atteint pour tout pays quand le signe national (il faut alors penser au signe linguistique) a trouvé son intégrité. Ainsi :

$$\frac{Grèce}{Grec} = 1 \qquad \frac{France}{Français} = 1$$

16. *Ibid.*, p. 114.

Giraudoux a découvert une forme axiomatique à ramener l'humanité au Cosmos : nous l'avons mise en équation à la suite de l'algorithme Signifié/signifiant. Reste à trouver sur l'axe des temps l'état synchronique qui correspond à cet idéal. Ceci, Giraudoux le traduit de la façon qui suit :

« *Il est un moment où les deux mots, qu'il s'agisse du mot* Grèce *avec le mot* Grec *ou du mot* France *avec le mot* Français, *évoquent des idées identiques, mais c'est justement au moment où le génie et le caractère de la race sont au point le plus élevé de leur courbe* [17]. »

Le moment où la magnitude propre à chaque pays se fait le mieux sentir et qui correspond à ce que Jacques Lacan appelle « l'émergence de la vérité dans le réel », est une donnée diachronique à expression synchronique :

« *Le mot* Grec *à l'époque de Périclès, le mot* Français *à l'époque de saint Louis, avaient vraiment, par rapport aux mots* Grèce *et* France, *la signification que le mot* abeille *a par rapport au mot* ruche [18]. »

C'est généralement par rapport à une idée force, mais envisagée dans un éclairage différent que se forme l'opinion d'une partie d'une société donnée et son opposition dans le contexte du développement politique d'un moment de l'Histoire. On a dit de Maurras qu'il était essentialiste, lui aussi, et il n'est pas exclu qu'avec l'*Action française*, il ait eu une influence sur la façon de penser de Jean Giraudoux. Il faut toutefois noter que pour Maurras, il suffit de « commencer par poser l'idée de France [19] » et puis de remonter à force de volonté politique à l'état qu'il pense être parfait et qui fut. En réalité la critique faite par Sartre à Giraudoux eût été plus justifiée, l'eût-il adressée à l'*Action française*, car celle-ci méconnaît le temps qui passe. Maurras oppose l'*Uchronie* à la diachronie : il y a chez lui à proprement parler des *repos*.

17. *Ibid.*, p. 114.
18. *Ibid.*, p. 114.
19. *Mes Idées politiques*, A. Fayard, Paris, 1937, p. 263.

Il nous semble que Giraudoux se soit défendu de tenir une telle position : il était en effet conscient du rôle joué par le temps ainsi que de l'angle qui peut aller grandissant entre l'idée de national et celle de nation. Le remède qu'il a pu proposer à un malaise épisodique et qui peut aller grandissant n'est pas du domaine de l'Uchronie ou même du domaine d'une Histoire qui se ferait à rebours. Par ailleurs il a passé en revue les diverses possibilités ouvertes à son essentialisme, rejetant la solution mystique ; voici comment il s'en explique :

« ... Ce que je crois être le vrai problème français. Il n'est pas de donner une mystique à la France. Cette recherche à tout prix d'une mystique à laquelle se livrent certains partis, c'est un leurre. Ce n'est pas au moment précis où un peuple veut avoir une mystique qu'il la découvre, la France moins que tout autre (...) Mystique internationale ? Une nation ne joue pas un rôle dans le monde quand elle le veut : elle jouerait seulement alors, et c'est pis, un rôle dans le monde. On ne représente pas une civilisation ou une mystique parce qu'on veut la représenter. Toutes les civilisations d'exemple n'ont abouti dans l'Histoire qu'à de catastrophiques hypocrisies[20]. *»*

C'est à la même époque, rappelons-le, que fleurissent côte à côte ce que Denis de Rougemont présente comme la « mesure soviétique » et « la mesure nationale-socialiste[21] », qui procèdent l'une et l'autre d'un fanatisme mystique. Si l'esprit devait perdre ses droits, à suivre ces exemples, la civilisation française pourrait en vertu de ses qualités même donner naissance à un monstre :

« Elle n'est pas une formule de métaphysique qui consiste à faire de l'homme un dieu et lui conseille une vie d'ambition et d'effort. Elle n'est pas une formule matérialiste qui consiste à faire de l'homme un néant et lui dicte une vie de renoncement[22]. *»*

Décidément, l'essentialisme de Jean Giraudoux est bien un

20. *Op. cit.*, pp. 134-135.
21. *Op. cit.*, p. 89 et p. 103.
22. *Op. cit.*, p. 135.

humanisme dont les façons mènent à vivifier, tout du moins en esprit, un certain apanage propre à l'idée de nation dans le cadre des mouvements d'un républicanisme tant soit peu assoupi ; c'est bien là l'histoire des cornichons.

    « La civilisation française, comme la grecque, à un degré plastique égal et dans un élan moral décuplé, réside en ceci qu'elle a trouvé la raison de l'homme dans l'homme[23]. *»*

L'homme est donc invité à exister en fonction du développement de lui-même, et la question se pose à chaque Français et chacun d'eux peut donner réponse au problème. Cette réponse aura des sources internes : le rapport France/Français dépendra en premier chef des attitudes du Français et peut-être de son langage. D'essence humaniste, la civilisation française fera abstraction de la grandeur « disproportionnée avec l'être humain », rejettera « la civilisation d'orgueil vis-à-vis des autres pays » et s'épanouira dans « la civilisation de politesse ». Le rappel d'un dépassement qui est urbanité caractérisera la France giralducienne. La tâche qui s'offrira aux Français consistera à rétablir dans une dynamique du mouvement un rapport parfait dans un redressement des composantes du rapport vivant France/Français, de façon à ce qu'il témoigne d'une unité.

Il est un certain calvinisme chez Giraudoux qui le mène à penser qu'en période de calme, il faut veiller, et qu'il faut garder l'organisme national en bon état. C'est d'ailleurs à ce niveau que Giraudoux et de Gaulle combinent leurs pensées. Pour l'un comme pour l'autre, la santé nationale ne pourra pas s'accomplir « si la France ne reste pas une nation de premier ordre[24] », expression que les discours du premier président de la Cinquième République ont plantée ultérieurement dans la mémoire des citoyens français. On sait que l'essentialisme gaullien menait à penser que la bonne santé des Affaires étrangères était concomitante de celle de l'Intérieur. Cette idée est au programme politique de Giraudoux, elle est esthétiquement parfaite :

23. *Ibid.*, p. 135.
24. *Ibid.*, p. 136.

« *La solution est d'ordre strictement interne. Redonner sa force à notre race, son ampleur à notre imagination, son aise à notre vie. Avoir une doctrine du peuplement, de l'urbanisme, des grands travaux, et de l'honnêteté nationale*[25]... »

On croirait entendre Malraux ou Pierre Emmanuel. A tout prendre, il s'agit d'unité morale pour la nation française et de rudiments fort bien dessinés de *participation*. Que la France demeure en bonne santé. La solution humaniste (mais c'est déjà un dépassement du radical-socialisme) réside dans l'installation d'un régime essentialiste. C'est une variante du problème de l'action du physique sur le moral : *le moral d'une nation*. La politique française se doit de fonder ses ambitions sur un principe moral, et comme on le verra, ce principe procède de l'unité du peuple en accord avec les grands principes nationaux. Ce rôle de constante dynamique est d'ailleurs celui de la France dans le monde :

« *La France [est] une nation dont la vérité et l'éclat ont toujours été fonction de la gravité ou de l'espoir avec lesquels les autres nations l'observent et s'y reflètent*[26]. »

L'essentialisme français apparaîtrait comme source d'équilibre et de référence pour les autres pays et serait comme un centre de gravité aux activités du monde des hommes. Ce faisant, l'esprit créerait des réalités préexistantes à la mesure des nécessités :

« *La raison du diamant n'est pas dans le diamant même : elle est dans l'attention du monde qui l'entoure, qu'il soit lui-même la nuit ou le soleil*[27]. »

L'homme est responsable de la nation. Il s'agit bien là du principe républicain issu de la Révolution française. Le contrat social s'effectue par confiscation de la souveraineté

---

25. *Ibid.*, p. 136.
26. *Ibid.*, p. 137.
27. *Ibid.*, p. 137.

des individus au profit de l'abstraction nationale. On sait qu'en dépit de ses positions souvent avancées, le radical-socialisme est un parti essentiellement bourgeois. Il s'agit de faire respecter les normes d'une pensée bourgeoise essentielle : il n'est de prédilection morale que dans l'esprit civique. Que survienne une crise et il faudra comparer une mesure d'humanité ou de citoyenneté à une mesure de nation si l'on veut y comprendre quelque chose. Le cas France n'est d'ailleurs qu'un exemple qui aura valeur d'absolu mathématique puisqu'il est reconnu qu'en temps de grande civilisation elle est quasi parfaite. Il s'agit en effet de se mirer à la perfection pour mettre en évidence toutes les inconséquences de l'objet mirant :

« On peut dire qu'un pays est parfait en bien ou en mal, selon ses destinées, qu'il soit une nation de proie ou de paix, on peut dire qu'il joue vraiment son jeu, qu'il a son unité morale, lorsque son nom et celui de son citoyen coïncident absolument et n'évoquent aucune idée divergente[28]. *»*

Voici posé un principe qui ne devrait pas laisser insensibles les écoles des Sciences sociales...

La mesure giralducienne est *cet angle de déclinaison qui nous sert à faire le point.* La méthode dépasse la simple critique littéraire et l'école structuraliste pourrait semble-t-il revendiquer Jean Giraudoux comme l'un des siens avant la lettre puisqu'il lui revient la gloire d'avoir pressenti une formule qui ne pouvait manquer de faire son chemin. On pourra commenter l'algorithme S/s de Jacques Lacan qui est en filiation directe, bien que probablement inconsciente, Althusser et Barthes, ce dernier si proche dans sa conception angulaire, à cela près pourtant que chez Giraudoux, le signifié semble primer le signifiant puisque l'essence précède l'existence et qu'il faudra retourner l'algorithme pour en saisir toute sa valeur. La révélation giralducienne que nous avons suivie dans le contexte de son étude de la nation permet la mise en équation de toute situation d'usure, et celle-ci est particulièrement sensible dès que l'on fait appel à l'analyse de la nature

28. *Ibid.*, pp. 113-114.

humaine. Ce rapport a été senti par tous les grands écrivains, il n'est pas jusqu'au *Lorenzaccio* de Musset qui ne le porte dans sa trame ; mais c'est avec Giraudoux qu'apparaît ce que Gaston Bachelard a défini comme le passage de « la connaissance sensible » à « la connaissance scientifique [29] ». En effet, la formule esquissée dans *Pleins pouvoirs* permet de « passer du réalisme des choses au réalisme des lois [30] » dans un domaine qui se prête mal à l'analyse scientifique.

Continuant dans le sens de la méthode Bachelard, il semble justifié de dire que Giraudoux rejette la « didactique prématurée, mal instruite, qui opère sur les choses, au lieu d'opérer sur les axiomes [31] ».

L'axiome de l'essentialisme giralducien est fondé sur la constante du rapport structuraliste :

$$\frac{S}{s} = 1$$

Dans cette formule (lire Signifié sur signifiant), axiome, choses et mots se retrouvent à un *degré zéro*. Dans la recherche de l'absolu, ce degré zéro est à la fois un point de départ et un point d'arrivée. En ce qui concerne le rapport nation/national, comme dans tout autre rapport temporel, le temps introduit la possibilité du perfectionnement ou de l'usure. Dans la période descendante, et c'est elle qui intéresse Giraudoux, on assiste, par comparaison avec le rapport essentiel, à l'introduction d'un certain mensonge [32], d'une certaine anomalie [33].

Le décalage fractionnel sert de mesure à l'analyse : il s'agit du passage d'un à-peu-près à une expression scientifique des moyens de la critique. Il suffira donc de poser l'axiome et de considérer ensuite *l'éclairage*. Comme je l'ai montré dans ma thèse [34], chaque ouvrage de Giraudoux donne lieu à l'explora-

29. *La Philosophie du non*, P.U.F., 1940, p. 24.
30. *Ibid.*, p. 24.
31. *Ibid.*, p. 24.
32. Thème systématisé dans l'œuvre de Jean Anouilh.
33. Idée chère au général de Gaulle.
34. *L'Intangibilité de la réalité humaine chez Jean Giraudoux*, présentée pour le Diplôme de Master of Arts, University of Exeter, juin 1971.

tion de l'axiome premier dans l'éclairage d'une situation humaine différente. L'objet de l'étude giralducienne est la *nature humaine,* si par ailleurs son auteur attache un intérêt tout particulier au phénomène France. La quête de Giraudoux l'entraîne dans l'*intangible* et c'est là que nous l'avons suivi tout au long de notre travail. Cet intangible est compris dans le rapport essentiel que nous venons de situer dans ce que Giraudoux nomme « l'angle de déclinaison qui sert à faire le point ». Sans vouloir donner tous les exemples qu'il a choisis concernant la France et les Français, citons quelques instants de cet éclairage qui permet de juger *l'état moral d'un pays :*

> « *Le mot* France *évoque la courtoisie, les relations parfaites entre les individus ; la France est la maîtresse de cérémonies du monde. Le mot* Français *évoque un peu trop souvent, au contraire, l'individu grincheux, les disputes dans les rues, le voyageur impoli, les conducteurs d'autobus mal élevés. Le mot* France *évoque l'idée de justice, d'union ; le mot* Français *évoque le népotisme, les tiraillements, la désunion. Le mot* France *évoque l'idée d'une notion politique constante, d'une stabilité inattaquable : le mot* Français, *l'idée d'une variation et d'une incertitude* [35] ».

L'idée de France survient avant celle du national et se retrouve avec lui dans un rapport quasi mathématique. On sait depuis Rousseau que la Société corrompt les mœurs, et si le signifiant se trouve au dénominateur de la formule, c'est bien pour marquer l'instabilité de l'algorithme, la réalité d'une coïncidence souvent faussée. Il en va un peu comme du jeu d'un miroir qui donnerait d'un objet réel, *la France,* des images *virtuelles* légèrement ou très fortement faussées, *les Français.*

A l'heure où Giraudoux écrit *Pleins pouvoirs,* il réalise pleinement qu'il est en France une dichotomie dont l'analyse mènera le Grand Essentiel au poste de commissaire général à l'Information. Les Maîtres de l'époque avaient sans doute remarqué la coïncidence de l'axiomatique de ses thèses avec la réalité sociale et politique du moment. Il était un malaise

---

35. *De Pleins pouvoirs à Sans pouvoirs,* p. 115.

intérieur à la France de cette fin de Troisième République qu'il s'agissait de guérir, faute de quoi, on allait périr. Mais comment informer les Français de leur manque, leur faire réaliser qu'à trop tirer ils étaient sortis de leurs rails ? Toute société est non seulement corrompue, mais elle a des œillères. La problématique de l'immédiat avant-guerre était, à n'en pas douter, liée au manque d'unité morale de la nation française. Il ne s'agit pas simplement du manque de cohésion des Français vis-à-vis d'eux-mêmes au sein de leur société, mais de l'angle qui va s'élargissant entre eux et l'idée qu'on se fait de leur nation. L'expression du *Moi, la France* du général de Gaulle n'aura pas d'autre justification : le *moi,* image virtuelle, se veut fidèle à l'objet : *la France.*

L'essentialisme que nous avons dégagé par cette démonstration est implicite au niveau de l'axiomatique dans la quasi-totalité des ouvrages de Jean Giraudoux, en passant tout particulièrement par *Siegfried* qui expose ce qui est unique dans le rapport essentiel, de nation à nation, par le Toulet de *Suzanne et le Pacifique* qui illustre l'idée que le point d'arrivée n'est autre que le point de départ, par le Cyclope d'*Elpénor* qui retrouve ses images et plus encore par cet être chercheur qui dans *l'Apollon de Bellac* se veut l'alchimiste du légume unique : le littérateur, le peintre, le poète, le romancier, le dramaturge sont tous contenus dans le politique.

Il est un sel , un astre, auquel Giraudoux et quelques autres auraient voulu rendre sa saveur, un astre qui toujours étincelle, et qui toujours éclaire, mais qui n'est peut-être qu'un souvenir. Pourtant, il y aura toujours des Français pour vouloir prétendre à la réalité de leurs souvenirs et pour songer qu'il est absurde pour l'homme de vouloir s'éloigner de ses images. Être en pensée avec Giraudoux consiste à s'imprégner du sens donné à son axiomatique, et c'est reconnaître un idéal qui figure comme un objet à atteindre et qui semble déjà inscrit au fond de notre inconscient : *le chiffre un.*

CHARLES P. MARIE

GIRAUDOUX
DANS LA GLOIRE NAPOLÉONIENNE

> Robineau. — La gloire ?
> Adam. — Mot bien français n'est-ce pas ?
> (...)
> Renoir. — C'est un système précaire de poulies qui élève l'un de nous dans le ciel, pour quelques minutes, non sans lui donner le mal de mer, et le laisse retomber.
>
> *L'Impromptu de Paris.*

Le rapprochement de ces deux noms, Giraudoux et Napoléon, en apparence si étrangers, demande à être justifié. On ne saurait se contenter d'une boutade, comme Giraudoux qui, au verso de la carte postale de Vichy représentant la Galerie Napoléon (adressée à Louis Jouvet le 8 avril 1937), ajoutait ce commentaire :

Appelée ainsi parce que Napoléon ne s'y est pas arrêté, n'y a pas déjeuné, n'y a pas couché, n'y est pas passé.

L'œuvre de Giraudoux est dans sa totalité parcourue de grands réseaux thématiques ; suivant la recommandation de C. Marie, il faut lire tout Giraudoux ou s'abstenir ; l'analyse doit reconnaître les résurgences épisodiques de thèmes qui en profondeur irriguent l'univers de cet auteur, où le détail semble détail, où noms et faits s'accumulent sans accéder à un rôle signifiant, du moins à première lecture.

Par-delà cet impressionnisme, dans l'épaisseur de l'œuvre se précisent les figures que Giraudoux reprend et développe avec une certaine fixité : on retrouve sous la forme d'allusions nombreuses, plus ou moins dissimulées, le personnage de Napoléon et divers épisodes de la légende impériale depuis *Suzanne et le Pacifique* jusqu'à *Choix des élues* ; une page de *Souvenir de deux existences* intériorise de façon surprenante le mythe napoléonien.

1. *Les manifestations.*

L'œuvre de Giraudoux — romans, essais et, dans une plus faible mesure, pièces de théâtre — abonde plus qu'aucune autre en noms célèbres uniquement cités, en allusions ponctuelles à de grands personnages de l'histoire. Cependant c'est bien davantage parmi les héros légendaires de la littérature que l'imagination créatrice de Giraudoux trouve ses stimulants ; les figures d'une actualité moins inaccessible, trop précisément définies par les réalités de l'Histoire, se montrent contraignantes pour les fantaisies de l'imaginaire...

Ainsi, aucun écrit de Giraudoux qui évoque un épisode de la vie de Napoléon, qui présente ce personnage comme protagoniste ou comme silhouette de référence. L'inspiration essentiellement légendaire de son théâtre, l'intrigue contemporaine de ses romans expliquent aisément cette absence. Il faut attendre le film *la Duchesse de Langeais*, pour trouver, en toile de fond, la légende napoléonienne.

Pourtant sur cette absence se détache une prolifération remarquable d'allusions et de références qui finissent par créer au fil de l'œuvre une thématique napoléonienne diffuse, selon une technique habituelle à Giraudoux.

Si le Napoléon mentionné dans « Sainte-Estelle » est Napoléon III, dans « la Pharmacienne », par contre, une remarque qu'aucune logique ne rattache à la conduite du récit, introduit sur le mode indirect le vrai Napoléon :

> *Le troisième clan a les plus jolies femmes, elles sont sept et l'une ressemble à s'y méprendre à l'impératrice Joséphine* [1].

Peut-être simple association d'idées, à partir de deux

---

1. *Provinciales*, « la Pharmacienne », p. 83 d'*Œuvre romanesque*, t. I (cité désormais sous la forme *O.R.*, I ou II, à côté des *Œuvres littéraires diverses, O.L.D.*).

prénoms féminins employés dans cette nouvelle (fréquemment repris par Giraudoux dans ses œuvres ultérieures) : Marie-Louise et Hélène ? Cette contamination culturelle ne signifierait pas encore une utilisation volontaire de la thématique impériale.

Assez naturellement les livres de guerre font une place aux batailles de l'Empire, victoires éclatantes comme Austerlitz ou défaites mémorables comme Waterloo, qui par la suite réapparaîtront comme références permanentes. Plus caractéristique dans sa gratuité, cette page où le lieutenant Giraudoux relève sur le carnet d'un soldat la suite des mots de passe, dans un rapprochement assez surréaliste :

Il n'a trouvé à inscrire jusqu'ici que des mots d'ordre et de passe : 19 août, Napoléon. Namur. — 20 août, Samain. Solférino[2].

Cet épisode, qu'on peut supposer consigné d'après le réel, revient en écho, curieusement, dans des œuvres fort éloignées des souvenirs de guerre, comme un matériau verbal :

Moïse voyait là un mot de passe dont il appréciait la tendresse, Napoléon, Namur, Moïse, Mort[3].

La formule est reprise dans *Aventures de Jérôme Bardini*, et l'on ne peut que s'étonner d'une pareille fixation dans la mémoire pendant plus de dix ans :

Cela lui paraissait aussi ridicule que de lui crier Namur, et qu'il lui répondît Napoléon[4]!

C'est dans « Nuit à Châteauroux » que Giraudoux, recourant aux souvenirs de son enfance, évoque pour la première fois avec insistance l'Empereur, dans son exil à Sainte-Hélène, à propos de la maison du général Bertrand. Avec *Suzanne et le Pacifique* et plus encore avec *Siegfried et le Limousin*, la

2. *Lectures pour une ombre, O.L.D.,* p. 35.
3. *Églantine, O.R.,* II, p. 205.
4. *Aventures de Jérôme Bardini,* « Stéphy », *O.R.,* II, p. 284.

thématique impériale s'affirme ; elle suscite dans les romans suivants trois personnages directement reliés à l'Empereur.

Dans *Juliette au pays des hommes*, la méditation sur l'orgueil s'incarne dans Emmanuel Ratié, caractérisé exclusivement par son indentification, temporaire, à Napoléon ; cette curieuse sympathie se développe en quelques lignes, résumé de toute l'épopée impériale :

Il allait avoir à la fin de cette semaine même l'âge auquel Napoléon était mort. Toute une épopée tremblait en lui, tout un décor qui allait dimanche s'abattre. Il appréciait Napoléon pour la dernière fois aujourd'hui. Il appréciait encore pour vingt-quatre heures Austerlitz, Wagram. Mais dès lundi prochain, il ne broncherait plus au nom de Joséphine ou de Sainte-Hélène. Un peu de rancune aujourd'hui contre Napoléon, qu'il allait ne plus aimer, qui allait provoquer dans son appartement, car il fallait faire disparaître ses bustes, les tableaux de bataille, les meubles empire, ce changement que provoque ailleurs l'arrivée d'un nouvel amour[5].

Lien anecdotique et résultant d'un pur hasard de dates ? Il n'en reste pas moins vrai que, dans ce chapitre, Giraudoux choisit Napoléon pour illustrer l'orgueil ; à travers le premier de ses personnages napoléoniens.

Le second joue un rôle bien plus important : Monsieur de Fontranges, défini dans *Bella* par son ascendance noble qui remonte aux Croisés, est cependant caractérisé à plusieurs reprises par une relation subtile à l'Empereur. Au début d'*Églantine* le lien, purement matériel, provoque un effet humoristique certain :

C'était un vase de Sèvres donné aux Chamontin par Napoléon Bonaparte, et à Fontranges par Napoléon Chamontin[6].

Mais à la fin de ce roman, le thème napoléonien suscite un épisode en marge du récit : l'enterrement du cousin Georges de Lamérouse aux Invalides, auprès de ce tombeau devant

---

5. *Juliette au pays des hommes*, O.R., I, p. 570 et 571.
6. *Églantine*, O.R., II, p. 124.

lequel les Déracinés de Barrès avaient pris une leçon d'énergie.

Une troisième fois Giraudoux relie Fontranges au mythe napoléonien, dans une nouvelle page consacrée à l'orgueil, à la fin d'*Aventures de Jérôme Bardini*. Jérôme, lui-même, s'était trouvé en relation avec l'épopée impériale par ancêtre interposé, grâce à une rapide allusion au

portrait du colonel Bardini qu'aimait Bonaparte[7].

Fontranges évoque en une sorte de monologue indirect une rencontre historiquement peu probable, d'une valeur toute allégorique, entre deux poètes inspirés par Napoléon :

Lorsqu'on voit Delavigne, les Messéniennes *sous le bras droit*, Marino Faliero *sous le bras gauche, empêché par ces deux livres même de feuilleter les autres livres dans les boîtes des bouquinistes, passer lentement sur le quai salué par un peuple admirateur, — qui soudain se précipite, car* les Messéniennes *sont tombées dans la rue, le poète ayant tendu la main à Barbier, l'autre génie préféré de Fontranges, — et que Barbier tout à coup dresse la tête et suit ardemment du regard le comte de Bonneuil sur son alezan, car il vient de concevoir le Corse aux cheveux plats, les paroles de Jérôme sur le génie semblent légères*[8].

Référence à Napoléon en filigrane, longuement dissimulée derrière des allusions littéraires qui ne font que suggérer, jusqu'à la célèbre formule empruntée à *l'Idole* de Barbier. Giraudoux réunit deux poètes qui ont chanté de façon opposée la geste napoléonienne. On ne saurait déduire de ce passage si Fontranges partage l'enthousiasme de Delavigne ou la haine de Barbier ; l'essentiel reste que cette réflexion sur le génie renvoie, par-delà deux poètes mineurs, à la grande ombre impériale...

Au troisième personnage « dans la lumière de Napoléon » — figure très épisodique de « Stéphy », investie toutefois du

7. *Aventures de Jérôme Bardini, O.R.*, II, p. 240.
8. *Ibid., O.R.*, II, p. 339.

rôle de faux père, doublure du véritable — Giraudoux donne une identité peu commune, formée de deux noms célèbres :

Il s'appelait Napoléon Nordenskjoeld. (...) Il vous démontrait, comme si cela était un honneur, qu'il n'avait aucune parenté avec l'explorateur. Pour Napoléon, il était moins affirmatif, son grand-père ayant connu une Française[9].

On retrouve ici, à un double niveau et sur le mode ironique, le thème de la bâtardise, effleuré dans *l'École des indifférents*. La filiation imaginée par Bernard renvoyait déjà à une atmosphère « impériale », même si la vraisemblance des dates imposait le Second Empire :

Sa mère était demoiselle d'honneur de l'impératrice Eugénie. Winterhalter avait fait d'elle un portrait qui se trouvait maintenant au musée de Washington[10].

Une seconde bâtardise, cette fois authentiquement napoléonienne, se trouve évoquée dans les lettres de H. Heine, au chapitre 7 de *Siegfried et le Limousin* :

Tu t'en es laissé accroire par le petit Spontini. (...) S'il t'a dit qu'il était né au numéro 9 de la rue des Petits-Champs c'est qu'il va te dire aujourd'hui qu'il est fils de Mlle *George, qui habitait cette maison, et demain que Napoléon était son père*[11].

Giraudoux, lui, ne revendique pas une telle ascendance et se contente d'affirmer, non sans la pointe d'ironie nécessaire, une lointaine filiation avec La Fontaine, dans *les Cinq Tentations*. Mais il rêve, dans *Souvenir de deux existences,* qu'il est lui-même Napoléon...

2. *Les caractéristiques.*

A travers de si fréquentes allusions, Giraudoux dessine une

9. *Aventures de Jérôme Bardini, O.R.,* II, p. 285 et 286.
10. *L'École des indifférents, O.R.,* I, p. 166.
11. *Siegfried et le Limousin, O.R.,* I, p. 513.

silhouette de Napoléon composite, mettant successivement l'accent sur des caractéristiques différentes.

Napoléon l'insulaire.

Le premier Napoléon s'inscrit dans la prolongation du mythe d'Ulysse et de Robinson, Napoléon insulaire, que mentionnaient déjà les narrations de *Simon le pathétique* :

A Napoléon lui-même, dans son île, ainsi qu'on fournit au lion en cage son caniche, nous accordions un petit général blessé, Philoctète, Bélisaire[12].

Giraudoux reprend à son compte le thème, avec abondance de détails, dans « Nuit à Châteauroux », parce qu'il bénéficie en cette occasion de la double caution du souvenir d'enfance et de l'authenticité historique :

Sur le toit plat de la maison du général Bertrand (construite, colonne par colonne, fronton par fronton, d'après celle qu'il habitait à Sainte-Hélène et qui jamais ne reçut une goutte de pluie), les gouttes crépitèrent ; (...) Qu'il eût aimé recevoir cette averse, lui justement, Napoléon, qui épiait en vain chaque nuage et toute la première année d'exil tendait la main, croyant recevoir une goutte, comme pour qu'un aigle revînt s'y poser[13] !...

Il semble que les premières manifestations de l'intérêt de Giraudoux remontent en effet à cette période de l'enfance à Châteauroux, où venait mourir en écho la lointaine épopée, concrétisée par cette maison du général Bertrand, ce musée où se trouve réellement le chien empaillé de Napoléon qu'on aurait pris volontiers pour une invention de l'auteur du *Supplément au voyage de Cook* et de *la Folle de Chaillot*. D'ailleurs, lorsque Giraudoux rédige pour *Souvenir de deux existences* une « rêverie napoléonienne », il la date de façon

---

12. *Simon le pathétique, O.R.*, I, p. 636.
13. *Adorable Clio*, « Nuit à Châteauroux », *O.L.D.*, p. 217.

significative de *Châteauroux, octobre 1893* (il avait à cette époque à peine onze ans !).

En commentant *Suzanne et le Pacifique*, Giraudoux a explicitement écarté une quelconque influence de l'Empereur sur la rédaction de cette œuvre :

Ces îles qui se forment comme des socles autour des grands hommes, Sainte-Hélène autour de Napoléon, Guernesey autour de Victor Hugo, ne se formaient autour d'aucune de mes amies, de mes héroïnes, de mes imaginations[14].

Mais dans le texte même de ce roman, on trouve à côté du modèle évident — ce Robinson dont Suzanne prend systématiquement le contre-pied — l'exilé de Sainte-Hélène, au cours d'une série de variations, plus musicales que romanesques, sur les solitudes latines, que détermine sans trop de vraisemblance la découverte d'un sou italien : Giraudoux tourne autour de l'ombre impériale, féminisée pour l'occasion, et non seulement l'évoque clairement par ces deux noms d'îles, Corse et Elbe, mais de plus la suggère infailliblement sous le terme vague de Napolitaine, qui ne dissimule le nom célèbre que pour mieux le laisser deviner :

Une Florentine seule sur un récif, même proche de l'Italie, une Napolitaine seule en Sicile, une Corse, seule, toute seule dans l'île d'Elbe, quelle pitié[15].

A. Thibaudet releva d'ailleurs cette convergence du roman et de l'histoire napoléonienne ; dans ses commentaires sur *Suzanne et le Pacifique*, en 1921 (année du centenaire de la mort de Napoléon et de la parution de l'ouvrage d'Élie Faure), il dégage, après le Victor Hugo du poème « Les deux îles », cette caractéristique :

Et le parcours continental de Napoléon est peu de chose à côté de la perfection plastique des deux îles qui ne vivent que de lui et par lui, celle de sa naissance et celle de sa mort[16].

14. *Or dans la nuit*, « Préface à *Suzanne et le Pacifique* », p. 88.
15. *Suzanne et le Pacifique. O.R.*, I, p. 319.
16. A. Thibaudet. *Réflexions sur le roman*, « Le voyage intérieur », p. 152.

C'est presque dans ces termes que Giraudoux évoque une dernière fois, dans *Églantine*, la figure d'un Napoléon insulaire, à l'occasion de l'enterrement de Georges de Lamérouse :

On avait aussi le sentiment, en voyant monter du tombeau de Napoléon ces lueurs violettes (...) que la marine française de 1802 à 1805 n'avait peut-être pas été, en effet, ce qu'elle eût dû être pour cet homme, sinon marin, du moins né et mort dans des îles [17].

A ce Napoléon des îles vient s'ajouter, dans *Siegfried et le Limousin*, la nouvelle dimension d'un Napoléon conquérant...

Le Napoléon des victoires.

Est-ce l'effet du centenaire célébré en 1921 ? Est-ce plus vraisemblablement parce que la Bavière de ses années d'étudiant avait révélé à Giraudoux les souvenirs laissés par le passage des troupes impériales en Europe centrale — qui étaient autant de consolations pour le cœur humilié d'un petit Français vaincu en 1870 ? Est-ce parce qu'en 1922 on pouvait en toute bonne conscience chanter ces victoires qui avaient finalement rendu à la France cette Alsace que Simon rêvait de reprendre ? *Siegfried et le Limousin* est sans doute l'œuvre de Giraudoux où la présence napoléonienne est la plus obsédante...

Comme un guide Baedeker à la fois historique et amoureux, le narrateur signale avec une précision un peu suspecte les monuments qui rappellent dans Munich ce Napoléon « qui humilia l'Allemagne, brisant la puissance militaire de la Prusse à Iéna [18] » :

L'obélisque d'où les Bavarois étaient partis un jeudi pour la Russie avec Napoléon et d'où je partais tous les dimanches avec Martha [19].

17. *Églantine*, O.R., II, p. 222.
18. J. Tulard, *le Mythe de Napoléon*, p. 8.
19. *Siegfried et le Limousin*, O.R., I, p. 433.

Mais dans l'Allemagne d'après la défaite, ces traces trop visibles de la gloire française se trouvent chargées d'infamie ; Giraudoux voit là le symbole de l'esprit revanchard allemand :

Tous les Franzosenstege, pistes et sentiers par lesquels les troupes de Napoléon avaient débordé la vallée d'Innsbrück, étaient piqués de poteaux infamants. On voyait même, affreux vestige, une trace de balle dans un mur à Mittenwald[20].

Dans cette Allemagne agressive qu'il dénonce, celle d'Eva, il saisit toutes les occasions, même les plus gratuites, pour loger un clin d'œil napoléonien... Quel intérêt peut bien présenter le détail des tournées triomphales du ténor chez qui loge le narrateur, si ce n'est de renvoyer à d'autres triomphes, impériaux ceux-là :

Car Heinrich Langen avait fait comme ténor en Europe Centrale à peu près la même tournée que Napoléon[21].

Et la liste prestigieuse des victoires de Dessau, de Ratisbonne et d'Eckmühl culmine en une apothéose où le soleil d'Austerlitz devient, face à la haine revancharde d'Eva, un symbole de paix universelle :

Le poêle qui ronflait, le soleil qui mourait sur la couronne d'Austerlitz du ténor Langen, lui redonnait pour une minute la mémoire de ce qu'avait été et la vue de ce que sera un jour la paix[22].

A cette image du conquérant en Europe vient s'ajouter l'évocation du voyageur en Orient, déjà suggérée en filigrane dans *Simon le pathétique* par l'énumération, après le nom de Napoléon, des Sphynx, des Colosses et des Pyramides... Ici Giraudoux introduit un curieux concours, tout à fait étranger au récit :

Quelles douze nouvelles annonceriez-vous à Napoléon s'il

20. *Siegfried et le Limousin*, O.R., I, p. 449.
21. *Ibid.*, O.R., I, p. 430.
22. *Ibid.*, O.R., I, p. 475.

*revenait aujourd'hui ? Ce prix était une boussole dont le premier
Consul s'était servi en Égypte, avec la devise : « J'oriente en
Orient* [23]. »*

Plus loin, sous la forme discrète d'une comparaison, surgit
au milieu de la réunion des *Asiatische Fänomenenfreunde*, à
Berlin, ce tombeau de Napoléon qui sera décrit directement
dans *Églantine* ; par l'intermédiaire de la sculpture, le nom de
l'Empereur est à nouveau associé à l'idée de victoire :

*Un cirque de marbre jaune et d'ébène, qui ressemblait assez
au tombeau de Napoléon, avec la différence que les victoires
étaient berlinoises et déshabillées* [24].

Giraudoux va jusqu'à introduire l'allusion napoléonienne
sous la forme d'une devinette ; il la rapporte d'ailleurs de
travers — inattention ? humour au second degré ? — ce qui
peut sembler étrange, en raison de sa connaissance de
l'allemand ; l'erreur qu'il attribue ironiquement au duc zu
Bayern se double donc de la sienne et rend le jeu de mots
totalement obscur à un lecteur non averti :

*A quoi pensait Zelten au pied de sa loggia ? Au fameux jeu
de mots sur le premier Consul qu'on prépare en mettant de côté
un petit pois dans son assiette, et que le duc d'ailleurs, en disant
Napoléon au lieu de Bonaparte, avait piteusement raté* [25] ?

Zelten aurait dû en effet savoir que pour réussir ce jeu de
mots trilingue, il convient d'utiliser non pas un petit pois (en
allemand *Erbse*) mais un haricot (en allemand *Bohne*) que l'on
met de côté (*a parte*).
Entraîné par le nom de Kleist, Giraudoux donne à l'une des
excursions proposées aux touristes, dans le chapitre 5, le nom
d'une tragédie écrite en 1809 par le grand écrivain allemand,
Die Hermannschlacht (la Bataille d'Arminius), « appel à la
révolte de l'Allemagne contre Napoléon [26] ».

23. *Siegfried et le Limousin*, O.R., I, p. 430.
24. *Ibid.*, O.R., I, p. 489.
25. *Ibid.*, O.R., I, p. 451.
26. J. Tulard, *le Mythe de Napoléon*, p. 13.

> *Chacune de nos visites était décorée d'un titre : la première s'appelait Hermannschlacht, la seconde Sedan, et la troisième Lacs Mazuriens. L'Hermannschlacht fut ratée*[27].

Pour contrebalancer sans doute cet écrivain à l'œuvre si farouchement anti-napoléonienne et donc anti-française, les trois lettres de Lili David sont attribuées à Heinrich Heine, dont « Les Deux Grenadiers » avait préparé le retournement de l'opinion allemande à l'égard de l'Empereur. Le début de la première de ces lettres est consacré au « petit Spontini » (ce nom renvoie au compositeur attitré de la cour impériale) et à ses mensonges : les amours avec Mademoiselle George permettent de suggérer, sur le mode ironique, la thématique de la bâtardise...

Curieuse présence du mythe dans ce roman... obsessionnelle mais toujours introduite de manière indirecte, teintée d'humour, comme si Giraudoux en présence de l'Allemagne se montrait particulièrement sensible à la grandeur napoléonienne, à ses valeurs de patriotisme, de rayonnement, mais en même temps refusait de paraître les prendre trop au sérieux.

On a affaire ici, semble-t-il, à cette distanciation pudique qui, dans « Entrée à Saverne », imprégnait l'évocation de ce profond attachement à la France que Giraudoux avait constaté chez les Alsaciens ; avec un sourire il en donnait une image assez fantastique, à la limite du surréalisme de Chirico :

> *Ces fruitiers, qui ont monté de la cave cinq bustes de Napoléon, les mêmes, mais de taille inégale et chacun peut ainsi passer pour un Napoléon différent*[28].

Cette précipitation des souvenirs, des allusions à l'Empereur se manifeste au moment où Giraudoux, après son expérience de la guerre, laisse remonter du fond de sa mémoire le séjour bavarois pour y trouver les éléments de sa création romanesque. On peut aisément supposer qu'aux souvenirs d'enfance napoléoniens, invoqués dans « Nuit à Châteauroux », sont venues s'ajouter les exhortations à la

---

27. *Siegfried et le Limousin, O.R.*, I, p. 479.
28. *Adorable Clio*, « Entrée à Saverne », *O.L.D.*, p. 226.

grandeur et à la victoire que toute une propagande nationaliste incarnait dans l'épopée napoléonienne...

Waterloo n'aura pas lieu

Mais cet enthousiasme des années 20, qui citait plus souvent Austerlitz que Waterloo, avec le sourire détaché que donne la sérénité de la victoire, s'efface à mesure que l'horizon politique de l'Europe s'obscurcit ; l'écriture de Giraudoux, malgré les efforts de *Combat avec l'ange*, enregistre un semblable assombrissement. La défaite de Waterloo — une de ces dates essentielles qui ont irrémédiablement creusé le fossé entre les Français et les émigrés protestants de *Visite chez le prince* — devient, en mineur, une réplique de la guerre de Troie.

Le Bernard de *l'École des indifférents* avait rêvé d'empêcher cette guerre de Troie, mais vingt-cinq ans plus tard Giraudoux devait constater en magicien désenchanté qu'elle aurait lieu. De même, dans *Choix des élues*, le père du petit Jacques, qui réussissait habituellement à récrire l'histoire, voit sa magie rester totalement inefficace sur Waterloo : la métamorphose ne s'accomplit pas [29]. Et, dans un climat de désepérance, Giraudoux donne ici, en 1939, sa plus longue méditation sur l'histoire napoléonienne, déployée en une inhabituelle séquence :

Avec quelle rapidité, tout autre jour, il eût rendu au petit Jacques, pour sa récitation en classe, un Waterloo tout neuf et verni, un Waterloo ridicule pour Blücher et dont Wellington lui-même (...) n'avait pas à tirer orgueil. Mais Jacques aujourd'hui se dérobait à ce maquillage. Il sentait au contraire en lui une peine qui le poussait non à atténuer Waterloo, mais à en faire la défaite suprême. Nous avions tout perdu à Waterloo, fors cet honneur que nous devions perdre à Metz. Il y avait même de la

---

29. Voir la première rédaction de l'*Adieu à la guerre* : « Et soudain toutes les défaites de notre histoire s'éclairent d'une lumière telle qu'on peut les dire des victoires : Vercingétorix, vainqueur de César, Napoléon, vainqueur de Waterloo. » Cité par J. Body, *Jean Giraudoux et l'Allemagne*, p. 202.

part de noms jadis assez lumineux, Austerlitz, la Marne, une sinistre propension à passer du côté des désastres. Pierre se demandait ce que voulait dire ce sourire triste sur les lèvres de Jacques. C'est que le petit écolier comprenait pour la première fois le désastre, la panique, la capitulation[30]...

Cette constatation, aussi amère que le finale de *La guerre de Troie n'aura pas lieu*, trouve une sorte de compensation dans le rêve ; Giraudoux, en le gardant pour *Souvenir de deux existences*, le fait reculer jusqu'à l'époque éloignée où il arrivait au lycée de Châteauroux, comme s'il devait justifier par l'enfance cet optimisme si follement utopique : il est Napoléon, il parle à la première personne en tant qu'Empereur, et grâce à son habileté de stratège Waterloo devient une victoire. Il semble reprendre d'ailleurs ici à son compte les visions fantastiques de Louis Geoffroy, auteur d'un *Napoléon et la conquête du monde* qui imaginait « Napoléon victorieux en Russie et fondant une monarchie universelle[31] ».

Aux heures sombres de la défaite, la légende impériale continue à opérer sur l'imagination de Giraudoux ; par l'intermédiaire de Napoléon il retrouve fugacement l'illusion de la victoire, et surtout il feint de croire qu'il peut récrire l'histoire...

On voit comment les affaires de France et d'Europe me deviennent plus commodes, après cette victoire[32].

3. *Les significations.*

Si les premières apparitions significatives du thème sont liées dans l'œuvre de Giraudoux au lycée, depuis *Simon le pathétique* et « Nuit à Châteauroux », c'est sans doute parce que « Napoléon prend place à côté de Jeanne d'Arc et Bayard dans ce panthéon que l'école primaire contribuera à populariser par ses manuels d'histoire[33] ».

Comme tous les écoliers de la Troisième République,

30. *Choix des élues, O.R.*, II, p. 681.
31. J. Tulard, *le Mythe de Napoléon*, p. 19.
32. *Souvenir de deux existences*, p. 45.
33. J. Tulard, *le Mythe de Napoléon*, p. 111.

Giraudoux a appris à vénérer les grands héros du Panthéon laïque :

Nos êtres les plus fabuleux sont nos héros les plus réels, Vercingétorix, Jeanne d'Arc, Napoléon [34].

A cette triade capitoline il ajoute parfois Saint Louis ou Robespierre, Pasteur et même le jeune Barat, qui forment la galerie des grands hommes de la France, d'abord admirés et par la suite contestés...

Dans cette série des gloires françaises, Napoléon jouit d'un rayonnement particulier ; car il participe d'une autre constellation, plus spécialisée, en compagnie de César et d'Alexandre le Grand, les plus célèbres conquérants de l'Antiquité classique, et parfois également avec Attila et Tamerlan — peut-être sous l'influence de Tolstoï, à l'époque où Giraudoux lisait *Guerre et Paix* !

Il y avait dans le plein cintre du musée Galliéra une puérilité qui vous criait l'irresponsabilité complète d'Attila, dans les arrangements mi-ioniques et mi-arabes de ses colonnades, une ingénuité par laquelle Napoléon et Tamerlan étaient vraiment déclarés irresponsables [35].

Il semble que Giraudoux ait éprouvé une certaine fascination pour ces conquérants énergiques, peut-être dans une perspective nietzschéenne qui retrouve parfois les accents de la prose de M. Barrès... Par les rencontres, doit-on dire fortuites, de l'écriture, il arrive même que Giraudoux rapproche de Napoléon un conquérant pas encore aussi célèbre, mais tout à fait actuel, Hitler :

J'ai traversé voilà un an des pays arabes où l'on ignorait encore que Napoléon était mort, mais pas un geste de Hitler qui n'y fût connu dans la minute même [36].

Même si le mythe du conquérant se trouve dénudé avec une

34. *Littérature*, « Racine », *O.L.D.*, p. 475.
35. *Combat avec l'ange*, *O.R.*, II, p. 514.
36. *La Française et la France*, « A propos de sainte Catherine », p. 232.

impitoyable lucidité dans *les Gracques,* on peut remarquer que Napoléon représente dans l'œuvre de Giraudoux des valeurs généralement positives. Non seulement il incarne la grandeur française par les triomphes militaires — essentiellement dirigés contre l'Allemagne —, mais il annonce le grand rêve d'un Empire français, qui par-delà la domination de l'Europe et l'expédition orientale débouchait sur une pensée universaliste. Si Giraudoux, dans *les Gracques* reconnaît la faillite de cette entreprise colonisatrice :

Tel est le destin d'un Empire : c'est celui du nénuphar roi, il n'y a plus autour de lui qu'une eau corrompue et la vase. Rome vit de la pourriture du monde[37].

il s'efforce dans *Pleins pouvoirs* de dégager les apports positifs d'une politique française dont il avait célébré à plusieurs reprises l'inspiration mondiale ; car les allusions à Napoléon permettent à Giraudoux de concrétiser, avec les nuances d'un discret sourire, sa vision nationaliste d'une France idéale, celle précisément qu'il essaie d'évoquer dans *Pleins pouvoirs.*

Mais par-delà cette symbolique transparente, le mythe napoléonien semble avoir suscité en Giraudoux de plus profondes résonances.

La relation de Giraudoux à Napoléon semble en effet inclure une référence à Balzac, explicite dans le texte de *Souvenir de deux existences :*

La bataille s'engage dans les meilleures conditions, d'autant plus que le colonel Chabert m'a apporté une machine qui tire mille balles à la fois[38].

En adaptant pour l'écran un roman de Balzac, Giraudoux transforme la référence en patronage ; dans *la Duchesse de Langeais,* la figure de l'Empereur exilé, le souvenir de ses campagnes d'Orient, la nouvelle de sa mort viennent continuellement ponctuer le déroulement d'un roman d'amour qui trouve dans la légende napoléonienne une part de ses motiva-

---

37. *Les Gracques,* p. 96.
38. *Souvenir de deux existences,* p. 44.

tions profondes. Et pour la première fois, Giraudoux délaisse l'Antiquité, grecque, romaine ou biblique, délaisse le cadre contemporain de la province française ou de l'Allemagne et esquisse un tableau de la Restauration...

Mais on peut déceler bien avant cette collaboration une sorte de tentation balzacienne ; Bernard, dans *l'École des indifférents*, semble utiliser les techniques de composition de l'auteur de *la Comédie humaine* :

Il se représentait d'abord ses conférences à vide, six ou sept paragraphes qu'il n'avait plus qu'à remplir au fur et à mesure. Le procédé avait réussi à Balzac, disait son scoliaste, et aussi à Dieu pour créer le monde [39].

En 1922, Giraudoux obtient le prix Balzac pour son second roman, *Siegfried et le Limousin* ; le point de départ de l'anecdote repose précisément sur l'amnésie de Jacques Forestier — ce qui n'est pas sans rappeler *le Colonel Chabert*. Quatre ans plus tard, Giraudoux amorce avec *Bella* un cycle romanesque sur le modèle balzacien, cette histoire des Fontranges qu'il abandonne rapidement, ne gardant du projet initial que le retour de quelques personnages dans des romans ultérieurs, principalement Monsieur de Fontranges.

On peut s'interroger sur ces tentatives de Giraudoux : au moment où il revient de la guerre, il aborde à la fois la vie politique et le roman ; dans *Suzanne et le Pacifique*, il règle ses comptes avec un Robinson trop isolé des humains et essaie de démythifier les paradis de l'enfance. Au héros insulaire succède l'homme politique — et dans la thématique impériale, le Napoléon de Sainte-Hélène cède la place au conquérant d'Austerlitz : Siegfried jouit d'ailleurs d'une ascension politique étonnante, qui le met au niveau des émules, balzaciens ou non, du général Bonaparte, « le Bâtard incarné, le renégat parfait qui bouleverse le monde en accomplissant sans scrupules ni remords ce que ses pareils osent à peine rêver [40] » —

39. *L'École des indifférents*, O.R., I, p. 155.
40. Marthe Robert, *Roman des origines et origines du roman*, Grasset, 1972, p. 238.

mais il interrompt cette carrière pour retrouver, comme Suzanne, la France de son enfance.

Giraudoux en exprimant dans ses romans les aspirations contradictoires qui s'affrontaient en lui, la sollicitation du politique et une croyance démiurgique en l'écriture, un profond enracinement nationaliste et une volonté d'ouverture à l'échelle du monde, n'introduisait pas seulement au niveau personnel un dialogue qu'il transcrira bientôt sous forme dramatique : il retrouvait les archétypes du roman, tantôt robinsonnade résorbant l'histoire dans un paradis des premiers jours de la création, tantôt aventure du pouvoir qui ne se contente pas d'écrire ceux qui s'emparent du monde, mais qui veut s'emparer du monde par l'écriture... A cet égard, Napoléon joue un rôle charnière dans l'articulation de ces deux grandes orientations romanesques qui partagent l'univers de Giraudoux. Il est sans doute la référence constante qui permet à l'écrivain de demander les « pleins pouvoirs ».

GUY TEISSIER.

LA JEUNESSE AU POUVOIR

> « Le nombre de beaux-frères entrepreneurs
> qu'ont nos conseillers ou nos députés est
> prodigieux. »
>
> *Pleins pouvoirs.*

Dans l'*Univers de Giraudoux*, de M.-J. Durry, *la Folle de Chaillot* est présentée de la façon suivante :

« *C'est que pour sauver le monde dont on a l'air de tout à coup découvrir les tares et dont, pour ne pas se contredire, on déclare qu'il a dégénéré, ce n'est pas assez d'ériger en tribunal un cénacle de vieilles carabosses, pas assez que la plus prestigieuse d'entre elles, merveilleusement intelligente, bienfaisante et sensée sous l'enveloppe de décrépitude et de loufoquerie, ouvrant une trappe qui n'est pas celle d'Ubu, mais celle de la justice triomphante, y engloutisse tous les méchants[1].* »

Et dans les dernières lignes du livre, retient l'attention cette sentence superficielle et injuste :

« *Giraudoux n'est pas la création de Giraudoux[2].* »

Pourtant aujourd'hui, plus de trente ans après la mort du poète, la lecture de l'œuvre entière récuse cette sévère condamnation, et l'examen attentif de *la Folle de Chaillot* dément une caricature aussi lapidaire. Car si des circonstances et des drames ont conditionné quelques-unes des prises de position de Giraudoux et ébranlé certaines de ses convictions, il a dans toute son œuvre exprimé la même haine pour le

---

1. *L'Univers de Giraudoux*, pp. 34-35, Mercure de France, 1961[1].
2. *Ibid.*, p. 56.

« veau d'or » qu'il tenait pour responsable de l'esclavage de l'homme, et la même sympathie pour la « folie », la gaieté et le rire subversifs.

Déjà dans *Siegfried*, Zelten est chassé de son pays, non par la volonté du peuple et de son roi, mais par la pression des capitalistes anglais et américains :

> « *J'ai fait le dernier effort pour empêcher l'Allemagne de devenir une société anonyme, j'ai échoué*[3]*... »*

dit-il à Siegfried qui ne soupçonne pas les vrais mobiles de cette retraite.

Dans *Intermezzo*, Monsieur Dumas le millionnaire, qui préfigure le Président de *la Folle de Chaillot*, gagne de nouveau le gros lot avec le rétablissement de l'ordre. Tandis que l'Inspecteur enseigne le culte des grands hommes, le respect de l'Administration et l'obéissance, Isabelle, pour combattre les forces asservissantes, encourage l'indépendance, favorise la joie de vivre et l'amour de la nature. Le rire que l'Inspecteur ressent comme une insulte à son autorité, fuse insolemment autour de lui :

> « *Ne leur gâtez pas l'idée qu'elles ont de la vie, Monsieur l'Inspecteur*[4]*. »*

demande le Droguiste, apôtre discret de l'indépendance frondeuse.

Le sens du bonheur, de l'épanouissement individuel et collectif, enseigné par Isabelle aux petites filles, dérange l'assurance de l'Inspecteur qui fonde sa puissance sur la résignation et la médiocrité de ses administrés. Le délire de la jeune institutrice et l'effervescence poétique de la ville, l'imagination et l'irrévérence de la population constituent une lutte contre ce que l'écrivain appelle « l'état d'engourdissement[5] » qui caractérise tout pouvoir installé.

---

3. *Siegfried :* in Théâtre complet (2 tomes), Bernard Grasset, 1971, tome I, p. 50.

4. *Intermezzo :* Théâtre, tome I, p. 275.

5. Giraudoux : A. M. Berger dans *Excelsior,* 4 décembre 1932. Cité par C. Weil dans son édition critique d'*Intermezzo*, p. 58.

Ces constantes de la pensée de Giraudoux trouvent leur plus parfaite expression dans *la Folle de Chaillot*, pièce contestée par une critique qui prétend enfermer Giraudoux dans la recherche inoffensive de l'effet stylistique et le scintillement de l'esprit.

C'est dans cette pièce que Giraudoux a donné libre cours à sa haine de la tyrannie sous toutes ses formes, et mis à nu quelques aspects des assises du pouvoir français pendant la Seconde Guerre mondiale.

Ainsi, loin de marquer un revirement dans la pensée et l'écriture de Giraudoux, *la Folle de Chaillot* est l'aboutissement normal d'une dénonciation toujours présente dans une œuvre qui s'inscrit en faux contre toute entreprise tyrannique et mystificatrice.

Quels sont les visages de l'exploiteur multiforme peint par Giraudoux ? Il réunit tous les défauts et tous les crimes contre la société dans laquelle il vit et l'humanité : c'est un voleur, un traître, un bandit, un séducteur, un proxénète, un assassin et un collaborateur.

Mettant la main sur les ressources du pays, trompant les souscripteurs et pillant les richesses des pays colonisés, l'exploiteur n'a rien à craindre puisqu'il disparaît dans le dédale d'un pouvoir inextricable. Le Chiffonnier l'explique à la Folle, atterrée :

« J'approche l'administrateur délégué, il devient président, le président, il devient président honoraire, le coulissier à report coulissier à terme, j'approche le député, il devient ministre[6]*... »*

Cet ennemi protéiforme qui « affame la terre » et saccage le bonheur domestique, sera piégé, jugé et condamné. Et la victoire de la fiction ranimera la nature détruite et les victimes ensevelies vivantes.

Giraudoux prône-t-il pour autant le collectivisme et le retour à une vie moyenâgeuse ? Certes non. Il admet la technicité quand elle est au service de tous et vise, non l'enrichissement d'une minorité aux dépens de la majorité et la dépersonnalisation des travailleurs, mais le bien-être maté-

6. *La Folle de Chaillot :* Théâtre, tome II, p. 319.

riel de l'humanité. L'ingénieur qui tient tête aux « mecs » ne sera pas tué. Giraudoux approuve la forme de croissance qu'il a choisie : le travail de l'homme au service de la société et non l'aliénation de la majorité pour le profit des « deux cents ».

Giraudoux était-il égalitaire ? Partisan d'une société hiérarchisée, il rejette la hiérarchie quand elle favorise le profit et engendre l'injustice et le forfait :

> « *Autrefois, quand vous circuliez dans Paris, les gens que vous rencontriez étaient comme vous, c'était vous. Ils étaient mieux vêtus ou plus sales, contents ou en colère, pingres ou généreux, mais comme vous. Vous étiez soldat, l'autre était colonel. C'était tout, c'était de l'égalité*[7]... »

Pour le Chiffonnier aussi bien que pour Giraudoux, l'égalité réside moins dans l'uniformité des vêtements, de la pensée et de la parole que dans le respect des droits de chaque individu.

Les moyens de lutte que Giraudoux prête à Aurélie contre ce nouvel esclavage sont au nombre de quatre.

D'abord « la domesticité méprisante et frondeuse[8] ». Car la ronde du petit peuple de Paris, sa joie de vivre, son indépendance et son irrespect dérangent le pouvoir du Président et lui font sentir son isolement et son impuissance. La force économique n'arrive pas à étouffer dans la population le sens du bonheur et de la solidarité. Les vociférations autoritaires sont tournées en ridicule par le rire moqueur et l'indifférence méprisante (et c'est là que nous retrouvons l'impact subversif de l'enseignement d'Isabelle).

Ensuite, « la folie respectée et adulée[9] ». La Folle et ses amies ont sapé, selon le mot du Contrôleur d'*Intermezzo*, « les principes sur lesquels se base la société civilisée », montré les manigances du pouvoir, démasqué la comédie de la justice et fait naître le rire libérateur. Car, semble nous dire Giraudoux, il n'est rien qui désarçonne le pouvoir établi plus que le rire incontrôlable, celui qui tourne en ridicule le cérémonial derrière lequel se tramated les sordides affaires d'argent.

---

7. *La Folle de Chaillot* : Théâtre, tome II, p. 317.
8. *Ibid.*, p. 302.
9. *Ibid.*, p. 302.

Puis vient la défense de la nature contre le saccage des industriels. Cinquante ans avant que ne s'élèvent les voix des écologistes actuels, celle de Giraudoux a stigmatisé ceux pour qui le profit ne doit rien épargner, et même la nature. S'opposer à la destruction du milieu par l'expansion du capital et la prolifération des trusts et des usines, était vu au début de ce siècle comme une attitude d'intellectuel en mal d'idées. Giraudoux n'a pas été un faux prophète et l'impasse dans laquelle se débat actuellement le monde occidental a été pressentie par le créateur de *la Folle de Chaillot*.

Enfin, l'appui de la jeunesse. Après avoir renvoyé dos à dos tous les régimes politiques existants [10], Giraudoux clôt sa pièce avec la formation d'un couple de jeunes qui va rendre à la vie ses vraies couleurs. La lutte contre les ennemis du bonheur humain ne peut être menée que par une jeunesse mobilisée.

Jamais écrivain n'a valorisé la jeunesse autant que Giraudoux. Elle occupe une place à part dans son œuvre. Parce qu'elle n'est pas usée par la vie, elle a le courage et la force de s'opposer à elle et de vouloir la changer. Parce qu'elle est généreuse, elle lutte contre ceux qui la souillent et s'y accrochent à tout prix.

Ainsi, s'il subsiste une lueur d'espoir dans un monde défiguré et meurtri par la dictature de l'argent, c'est la jeunesse de tous les pays, seule à avoir la confiance de Giraudoux. La dégradation du monde, la tyrannie du pouvoir, la pourriture de la politique et du profit, Giraudoux leur reconnaît un seul ennemi, une jeunesse consciente et responsable, internationaliste comme Électre, généreuse comme Irma, pure comme Florence, intelligente et combative comme Isabelle. Il ne tient qu'à cette jeunesse de lutter contre la guerre, en prônant l'amour et l'amitié ; contre l'injustice en accusant le pouvoir établi ; contre la corruption, en remettant en cause l'immunité des puissants.

A Pierre et Irma qui s'embrassent à la fin de la pièce, la Folle dit :

---

10. Sont envoyés dans la trappe aussi bien « Messieurs les présidents des conseils d'administration », « Messieurs les Prospecteurs des Syndicats d'Exploitation » que « Messieurs les Représentants du peuple affectés aux intérêts pétrolifères de la nation... » (*La Folle de Chaillot*, Théâtre, tome II, pp. 352-353-354).

« Que n'avez-vous été là voilà trente ans. Je n'y serais pas aujourd'hui[11]. *»*

Si Aurélie a raté sa vie, c'est parce qu'elle a vécu dans une société qui ne valorisait pas l'amour et brimait la jeunesse. Avec l'accès de celle-ci au pouvoir, il n'y aura plus d'épaves dans le monde[12].

Le mot de la fin, nous l'emprunterons à la vieille Hécube de *La guerre de Troie n'aura pas lieu*, qui dit à Démokos :

« Tout pays est le pays de la jeunesse. Il meurt quand la jeunesse meurt[13]. *»*

Les personnages de ce théâtre qui continuent à inspirer le spectateur d'aujourd'hui, à secouer son conformisme en lui apprenant à regarder la réalité avec des yeux neufs, assurent par là même l'éternelle jeunesse de Giraudoux.

MOHAMMED RAHMOUNI

11. *La Folle de Chaillot :* Théâtre, tome II, p. 360.

12. La jeunesse dans le théâtre de Giraudoux s'oppose continuellement au pouvoir des adultes et des vieux qu'elle trouve corrompus et rongés par le mensonge. Florence, dans *Cantique des Cantiques,* parle de son fiancé en ces termes : « Jérôme est un être pur. Il est pur de soucis, de souvenirs. Il est pur d'âge. Il n'a qu'une valise. Il n'a qu'un mot pour dire qu'il pleut, pour dire qu'il aime... C'est un être sans précipité, sans dépôt. » Théâtre, tome II, p. 100.

13. *La guerre de Troie n'aura pas lieu :* Théâtre, tome I, p. 470.

GIRAUDOUX A LA DÉCOUVERTE DE MOZART

Nous savons que Jean Giraudoux était un amateur d'opéra[1]. Dans un de ses premiers écrits, il cite *Samson et Dalila* de Camille Saint-Saëns[2]. Vers 1943, il songe à écrire le livret d'un *Alceste* qu'Arthur Honegger aurait mis en musique. La mort mettra fin au projet[3].

Pendant toute sa vie, Jean Giraudoux paraît avoir manifesté une attention particulière aux opéras de Mozart, sans doute parce que l'œuvre du maître de Salzbourg correspondait à sa propre sensibilité, mais aussi parce qu'il l'a découverte peu à peu au cours d'une initiation longue et lente.

Il n'était pas possible en effet pour Giraudoux de connaître très tôt l'œuvre de Mozart. Lorsqu'il arrive en 1900 à Paris pour y poursuivre ses études supérieures, le monde musical se partage entre le wagnérisme, le franckisme et le vérisme. Mais entre les lecteurs de *la Revue wagnérienne* qui se précipitent dès l'été à Bayreuth, les connaisseurs zélés et pieux de Franck, les amateurs enthousiastes du bel canto qui applaudissent tout autant Meyerbeer que Verdi, le monde musical français se ressaisit. Si au printemps de 1902, un jeune étudiant nommé Giraudoux « fait la claque » à la première de *Pelléas et*

---

1. J. Body, *Giraudoux et l'Allemagne,* Paris, 1975, p. 72.

2. J. Giraudoux, *les Contes d'un matin,* Paris, 1952, p. 79. On sait que l'opéra de Saint-Saëns a été créé par Liszt à Weimar en 1877. La première à l'Opéra de Paris eut lieu le 23 novembre 1892. En 1922, on fêtait la 500e représentation. L'œuvre avait donc connu une carrière brillante, et Giraudoux eut souvent l'occasion de l'applaudir dans sa jeunesse.

3. M. Landowski, *Honegger,* Paris, 1967, p. 97.

Mélisande de Debussy, c'est qu'il a reconnu chez un musicien dont il ne sait peut-être rien quelqu'un de sa race. A la même époque, un mouvement s'opère en faveur de l'œuvre de Mozart très mal connue en France. En 1901, Adolphe Boschot, Téodor de Wyzewa, Georges de Saint-Foix qui deviendront d'excellents mozartiens, fondent une « Société Mozart ». Mais les temps ne sont pas venus. Pour le public français, Mozart n'existe pas en 1901.

Mozart ne pouvait être qu'un nom pour Giraudoux, mais il est certain que l'étudiant qui se penchait sur l'œuvre de E. T. A. Hoffman devait savoir que ce champion de l'école préromantique de l'Allemagne du nord était, avant tout, un musicien et un chantre de Mozart[4]. Ce chef d'orchestre fut aussi le compositeur, dans la lignée mozartienne, d'un opéra *Ondine* sur le texte de La Motte-Fouqué, texte que Giraudoux retrouvera un jour dans sa carrière littéraire.

Nous pensons donc que Jean Giraudoux n'a pu aborder l'œuvre de Mozart qu'à l'occasion de son séjour à Munich en 1905-1906. Depuis 1901, Mozart et Wagner sont célébrés à Munich par un festival annuel. Aujourd'hui encore, ces manifestations rivalisent avec celles de Bayreuth et de Salzbourg. En 1905, l'intendant des théâtres royaux von Possart termine sa carrière[5]. Grâce au directeur de la musique Félix Mottl, nommé en 1904 et qui réanime la vie musicale munichoise, von Possart a pu établir un calendrier de manifestations qui auront lieu du 7 août au 21 septembre. Wagner en occupe la plus grande partie avec trois représentations du cycle de la *Tétralogie* augmenté d'autres œuvres. Trois opéras de Mozart figurent à l'affiche : *Le Nozze di Figaro, Don Giovanni* et *Cosi fan tutte* qui seront joués trois fois. Avant le 9 septembre, fin de la première série des représentations, Jean Giraudoux a pu voir ces trois opéras. Le cycle de septembre lui échappe parce qu'il voyage, mais il est rentré à Munich pour le 20, à temps pour aller à la dernière représentation de

---

4. A. Einstein, *Mozart, l'homme et l'œuvre*, Paris, 1954, p. 556.

5. Il sera remplacé en octobre par le baron von Speidel. La dernière manifestation dirigée par von Possart aura lieu le 27 septembre avec une représentation du *Freischütz* de Weber que Giraudoux a dû voir, ne serait-ce que pour compléter sa culture de germaniste.

Don Giovanni. Pour *Cosi fan tutte,* l'œuvre sera reprise en avril 1906. Sur trois opéras des manifestations de 1905, Giraudoux a pu au moins en voir deux.

En 1906, Giraudoux ne sera plus à Munich pour le festival. Durant toute cette année, l'Allemagne musicale fête le 150e anniversaire de la naissance de Mozart. Il est possible que Giraudoux ait pu lire l'article de la revue satirique *Jugend* dans lequel le chroniqueur passe la plume à Mozart qui supplie les musiciens de mieux jouer ses œuvres à l'occasion de son anniversaire [6].

On objectera que Jean Giraudoux ne parle pas de ces événements dans ses lettres à ses parents. D'abord, le jeune étudiant jouit pour la première fois de sa liberté, et il en profite. Ensuite, en fils poli et bien élevé, il écrit ce qui peut amuser ou intéresser ses parents. Mozart n'était peut-être qu'un nom pour eux, mais il parlera d'une représentation de *Carmen,* opéra populaire en France autant qu'en Allemagne, où il est allé [7]. Enfin, il est difficile d'imaginer que Giraudoux qui fréquente des musiciens éminents comme les von Hösslin, F. Weingartner, F. Mottl et le jeune W. Furtwängler, esprits ouverts autant à Mozart qu'à Wagner, ait pu échapper à l'emprise de ce milieu. Pour la première fois, il vit avec de véritables musiciens qui ont pu l'initier à l'œuvre de Mozart.

Revenu à Paris, Giraudoux connaît peut-être mieux Mozart que ses compatriotes. Mais il laisse ses souvenirs mûrir et se décanter au fond de sa mémoire. Au moment opportun, ils surgiront comme l'éclair.

Tous les souvenirs de son expérience allemande reviendront en foule après la guerre dans *Siegfried et le Limousin.* Jean, à la recherche de son ami Forestier, débarque à Munich. Il retrouve une ville qu'il a quittée il y a six ou sept ans (Jean Giraudoux brouille, selon son habitude, les repères chronolo-

6. Cet article sera repris dans la presse française sous le titre : « Sermon prêché par Mozart du haut des Champs-Élysées », dans *le Ménestrel,* n° 7, 1906, p. 54. Giraudoux annoncera, à son tour, la préparation des fêtes de Mozart par un entrefilet paru dans *le Figaro* du 16 février 1906.

7. *Cf. Lettres,* par J. Body, Paris, 1975, p. 50 (9 mars 1906). La même discrétion à l'égard de Mozart se reflète dans la presse musicale française. Un sondage dans *le Guide musical* et *le Ménestrel* nous montre que les correspondants centrent tout l'intérêt du festival sur Wagner, non sur Mozart.

giques). La ville est inchangée. Le tramway conduit le narrateur vers un théâtre où on joue *la Flûte enchantée* du « divin » Mozart. Arrêtons-nous ici et demandons-nous pourquoi Giraudoux a cité cet opéra plutôt qu'un autre [8]. Dans son opéra, Mozart met en valeur la lutte pour la conquête de la lumière contre les forces des ténèbres. Or, que vient faire Jean en Allemagne sinon engager cette lutte contre les ténèbres symbolisées par le couple Allemagne-Siegfried, pour retrouver la lumière symbolisée cette fois par le couple France-Forestier ? Dans le roman, l'Allemagne représente les forces mauvaises du désordre, de la guerre (prière de l'enfant allemand) opposées à l'ordre, à la paix, au pardon (prière de l'enfant français). Comme dans l'opéra de Mozart, Siegfried parcourt la route des épreuves qui le ramènent à son identité foncière (le réapprentissage de la langue, par exemple) ; il passera de l'ombre [9] à la lumière [10]. Cette lumière lui est révélée par une main amicale qui le guide. Le rôle de Jean s'identifie ici avec celui de Sarastro qui nous dit dans *la Flûte enchantée* (acte II, 12) :

> « *Dann wandelt er an Freundes Hand*
> *Vergnügt und froh ins bess're Land.* »

Cette main secourable qui conduit un homme rasséréné vers une terre meilleure est bien la main de Jean, et l'homme rasséréné a les traits de Forestier.

8. On ne sait quand Giraudoux a pu voir cet opéra. Von Possart avait remonté *la Flûte enchantée* à Munich en 1898, puis R. Strauss en 1917. Si Giraudoux a effectué quelques missions en Allemagne au lendemain de la guerre, la mention de cet opéra dans *Siegfried* est peut-être fondée sur la réalité. En France, l'œuvre a été longtemps massacrée par des arrangements invraisemblables. Toutefois, l'Opéra-Comique en 1909, la Gaîté-Lyrique en 1912, le théâtre Pigalle en 1920 (avec une troupe étrangère) en ont donné des versions musicalement honnêtes. Quand Giraudoux écrit son roman, l'Opéra de Paris remonte *la Flûte enchantée* qui sera jouée le 22 décembre 1922 dans une très bonne version qui a déjà été donnée à Bruxelles. Giraudoux devait être au courant d'une reprise (qui prenait l'allure d'une nouveauté) annoncée dans la presse.

9. « J'avais fermé le gaz, *tiré les rideaux.* Je maintenais l'*ombre* sur mon ami jusqu'au moment où je pourrais à la fois lui apprendre son nom et lui révéler son département Haute-Vienne *étincelant.* » (C'est nous qui soulignons).

10. « Le soleil rayonnait sur le pays à idées claires. »

Vu sous cet aspect, *Siegfried et le Limousin* confirme le caractère symbolique qu'on lui attribue [11]. Il est possible que Giraudoux ait abordé les rivages du symbolisme franc-maçonnique par la lecture d'œuvres ésotériques dont il s'entoure à l'époque où il rédige son roman [12]. Toutefois, nous n'avons pas la preuve que ce symbolisme lui ait été familier [13].

Quatre ans après *Siegfried et le Limousin*, Giraudoux fait paraître *Bella*, puis *Églantine*. Mozart est encore cité dans ces deux œuvres. Il ne s'agit plus ici pour Giraudoux d'introduire au moment opportun des souvenirs décantés dans le récit, ni de faire appel à sa jeunesse ou à son passé. *Bella* et *Églantine* sont deux romans liés à l'époque qui les a vus naître. On pourrait les dater par de multiples détails sur la mode, les mœurs, les habitudes et les goûts qui y sont exposés, indépendamment du fait que *Bella* règle son compte à un homme politique en vue.

Il se fait aussi qu'à l'époque où Giraudoux écrit ces romans, les Parisiens commencent à connaître l'œuvre dramatique de Mozart par d'excellentes interprétations qui mettent fin à un siècle de trahisons et de caricatures [14]. En 1924, l'opéra de Vienne vient au théâtre des Champs-Élysées et donne, en allemand, deux représentations de *Don Juan*. En juin de la même année, Walther Staram dirige, au cours d'un festival Mozart, *Don Giovanni, Cosi fan tutte, Le Nozze di Figaro*, tandis que l'Opéra maintenait à l'affiche *la Flûte enchantée* et

11. Le premier chapitre que J. Body consacre à cette œuvre s'intitule *Siegfried, ou l'intrigue symbolique* (*op. cit.*, pp. 225-246).

12. R. M. Albérès, *Esthétique et morale chez Jean Giraudoux*, Paris, 1970, pp. 239 et suivantes.

13. Le symbolisme franc-maçonnique de *la Flûte enchantée* ne retint pas l'attention au XIXe siècle, sauf de Goethe qui était maçon. La fantaisie des metteurs en scène pouvait se donner libre cours — et ils ne s'en privaient pas — dans un spectacle féerique qui se rapproche du *märchen,* ce qui ne pouvait laisser Giraudoux indifférent. La première explication franc-maçonnique de *la Flûte enchantée,* timide, mais claire, est due à M. Kufferath, *la Flûte enchantée*, Paris-Bruxelles, 1914. De nos jours, J. Chailley en a donné une explication cohérente et approfondie dans *la Flûte enchantée, opéra maçonnique*, Paris, 1968.

14. Nous ne reprendrons pas ici les pièces d'un dossier qui a été traité à l'époque par J. G. Prod'homme, *Mozart en France*, dans *le Mercure de France*, 15 janvier 1926 et R. Dumesnil, *le Don Juan de Mozart*, Paris, 1927, pp. 115-177.

l'Enlèvement au sérail dans des versions honnêtes. Giraudoux qui suivait les événements de la vie parisienne, a-t-il vu ces représentations ? On ne sait, mais on ne peut nier que *Bella* et *Églantine* en apportent le reflet, le souvenir ou l'écho.

Lorsque dans *Bella,* Rebendart convoque Moïse pour s'en faire un allié contre Dubardeau, l'homme politique commence l'entretien d'une manière engageante et mondaine :

« — Je vous ai vu hier à l'Opéra, dit-il [Rebendart] en changeant de ton. J'aime Mozart.

« Moïse eut quelque espoir d'avoir avec Rebendart une conversation humaine. Jamais Mozart n'avait été joué avec autant de perfection que la veille. Lui, Moïse en était encore pénétré... Sa haine pour les ennemis, son amour du gain, la rapidité même de sa parole en avaient été relâchés au profit d'un bien-être physique qui l'accablait depuis son lever. Cette rouille dans ses genoux, cet engourdissement de ses oreilles, en effet, il le reconnaissait maintenant, c'était bien la nonchalance divine, l'acide urique suprême, c'était bien Mozart. » Pour Moïse, en effet, Mozart est un « dieu » qui lui confère le bien-être moral, le confort physique. Que pour Giraudoux, Mozart s'identifie avec le luxe, la beauté, la réussite n'a rien d'étonnant ; lui-même n'est-il pas arrivé, vers les années 1924-1925, à un degré de réussite suffisant pour se trouver en accord avec une musique aussi spirituelle, aussi détachée du poids de la terre ? Et cette musique chante aussi l'amour. Lors de sa liaison avec Églantine, Moïse « était fier d'apporter à Mozart, au lieu de sa puissance et de ses millions, un corps qui ne faisait plus craquer le fauteuil, un corps anonyme. Il ne suait plus en écoutant Mozart, son dieu ». Cette liaison rompue, Moïse redevient lui-même. C'est Mozart, si on peut dire, qui le lui apprend : « Il [Moïse] sut qu'il était redevenu laid le soir même à l'Opéra-Comique, aux *Noces de Figaro,* par cette espèce de gêne qu'il ressentit à occuper le premier rang des fauteuils d'orchestre, à être face à face avec Mozart. » C'est que Mozart, en définitive, vous met en face d'une vérité que sa musique vous révèle. On ne triche pas avec Mozart, ni Rebendart, ni Moïse. La « Lumière » de Mozart est un révélateur de l'âme humaine [15].

15. *La Lumière de Mozart* est le titre d'un livre paru en 1926 (et réédité en 1941) du parfait mozartien que fut Adolphe Boschot.

Après *Églantine,* la carrière littéraire de Giraudoux s'infléchit vers le théâtre qui va l'absorber jusqu'à sa mort. Le citoyen essaye de construire la cité de ses rêves. Le romancier se détache des hommes. Dans sa fuite, Jérôme Bardini abandonne Mozart. « Fini Mozart... Finies les flûtes enchantées, les Papageno, les Papagena », et si ce rappel d'une vie conjugale aimable et paisible appartient au passé, il s'y ajoute, pour Jérôme, le sentiment que l'œuvre de Mozart est douée d'une « vie divine » qui s'oppose à l'aventure humaine, passagère, décevante et qui aboutit à l'échec. L'épisode de Stéphy est révélateur pour notre propos. Le couple Jérôme-Stéphy qui se voudrait originellement pur, édénique, n'est, en réalité, que l'union de deux personnages qui jouent un rôle. Jérôme a derrière lui tout un passé conjugal heureux ; Stéphy s'invente une fausse famille. Mais la vraie famille de Stéphy fait de la musique en quatuor ou en trio, et ce qu'elle joue, c'est Schubert. Sauf oubli de notre part, c'est la première fois que le nom de ce compositeur vient sous la plume de Giraudoux. De Mozart à Schubert, la chute est sensible. Pour employer des dichotomies propres à Aurel David [16], Mozart ne peut être le musicien préféré d'un « sous-humain », alors qu'il possède souverainement une « technique » parfaite. Schubert apparaît donc dans *Jérôme Bardini* parce que — sauf dans le domaine du *Lied* —, il est à la recherche, recherche longue et pénible, souvent marquée par des insuccès, de cette « technique » qui lui échappe et qui reste chez lui incomplète, peu adaptée ou vacillante. Comme tout dans Giraudoux est concerté à l'extrême, que chaque détail se trouve à sa place la plus significative — sa plume court vite mais elle est contrôlée —, nous pensons que c'est à dessein que le nom de Schubert apparaît dans les *Aventures de Jérôme Bardini,* le roman de l'échec [17].

Il se fait aussi que le « dieu » de Moïse peut être devenu celui de Giraudoux. La découverte de Mozart par Giraudoux a été lente, par approches mesurées, successives. Des affinités apparaissent qui relient l'auteur de *Don Juan* et celui de

16. Aurel David, *Vie et mort de Jean Giraudoux,* Paris, 1967.
17. Dans *Choix des élues* qui réexploite le thème des *Aventures de Jérôme Bardini,* Giraudoux oppose encore, de la même manière, Mozart et Schubert.

Siegfried. Il y a d'abord la recherche d'une même perfection qui, comme l'explique M. Albérès pour Giraudoux, dépend d'une spécialisation : « Par l'assomption d'une tâche spécifique, un homme ou une chose retrouvent leur vraie nature ; ici l'esthétique implique morale, et morale du métier [18]. » Mozart est le type du musicien parfait, tout comme Giraudoux sera celui de l'écrivain non moins parfait. Enfin la musique de Mozart paraissait vers 1930 comme située en dehors de l'humanité « ou du moins libérée de ces chaînes et de ces entraves qui nous rivent à notre condition pesante et bornée [19] ». Cette musique établit un lien avec le cosmos dans lequel les personnages de Giraudoux et lui-même ne cessent d'agir ; elle cherche à communiquer avec cette « musique des sphères » dont les théoriciens anciens avaient décrit la splendeur.

Si Giraudoux peut établir avec le maître de Salzbourg cette communion intime, c'est que la connaissance de Mozart fut particulièrement favorisée en France à cette époque par les études des historiens et par la diffusion des œuvres. La bibliographie en langue française de Mozart s'augmente de précieux volumes. Depuis 1912, Téodor de Wyzewa et Georges de Saint-Foix travaillent à une étude monumentale qui fait honneur à la science musicologique française. Deux volumes en ont paru, le troisième (sur cinq) verra le jour en 1936. Non content de publier des versions fidèles des opéras, Adolphe Boschot écrit deux livres sur Mozart en 1926 et en 1936. Prod'homme adapte la biographie fondamentale de Schurig et nous raconte, en 1928, Mozart par ceux qui l'ont vu. Henri Ghéon, dans ses *Promenades avec Mozart,* nous propose en 1932 une étude qui reste appréciée de nos jours. En 1930, Emmanuel Buenzod pouvait déclarer en conclusion d'une synthèse brillante : « Notre époque... a vu se manifester récemment un mouvement de faveur assez général pour que l'on ait pu parler d'un " retour " à Mozart [20]. » L'industrie du disque, mais surtout la radio qui retransmet les festivals de Salzbourg et de Glyndebourne, aident à la connaissance de

18. M. Albérès, *op. cit.,* p. 225.
19. R. Dumesnil, *Don Juan, op. cit.,* p. 171.
20. E. Buenzod, *Mozart,* Paris, 1930, p. 73.

Mozart. Mais il y aura, avant tout, les concerts. En 1930, Mme Octave Homberg crée à Paris la « Société d'études mozartiennes ». En peu de temps, cette société groupe cinq cents adhérents et organise des concerts d'une haute qualité. On y entendra dans l'enthousiasme *Idoménée*, la *Messe en ut*, les *Litanies du Saint-Sacrement*, les *Vêpres des confesseurs* et des concerts de musique de chambre[21]. Le mouvement envers Mozart est d'autant plus vif que, l'engouement pour Bayreuth étant passé, c'est vers Salzbourg que se déverse l'été la foule des mélomanes français. *Les Promenades avec Mozart* d'Henri Ghéon sont issues directement de cette rencontre de l'art de Mozart et de Salzbourg.

C'est donc au moment où Mozart est en pleine faveur en France qu'Annette Kolb, la traductrice allemande de Giraudoux, débarque à Paris. De sa valise, elle sort un *Mozart*. Denise van Moppès va le traduire avec beaucoup de talent, à tel point que le livre donne l'impression d'être écrit directement en français. En 1937, Giraudoux lit la biographie de son amie dont il possédait l'édition allemande dans sa bibliothèque ; il y ajoute une préface, et le livre paraît au début de 1938[23].

Annette Kolb a eu la tâche facile pour établir sa biographie. Elle a puisé dans une correspondance bien connue et bien classée[24]. Elle recoupe les renseignements qu'elle y trouve en utilisant les biographies fondamentales de Abert et de Schurig[25]. Elle cite aussi des auteurs français dont Saint-Foix[26] et,

21. R. Dumesnil, *la Musique en France entre les deux guerres*, Paris-Genève, 1946, p. 71.

22. Giraudoux, *Lettres, op. cit.*, p. 227, lettre du 12 septembre 1937. Giraudoux avouera le mois suivant que tout le travail accompli à ce moment, dont trois préfaces « promises depuis un an ou deux », l'a accablé. *Cf. Lettres*, p. 248.

23. L'achevé d'imprimer est du 25 janvier 1938.

24. Annette Kolb a utilisé l'édition de L. Schiedermair, *Die Briefe W. A. Mozarts und seiner Familie*, Munich-Leipzig, 1914, 5 vol.

25. H. Abert, *Mozart*, Leipzig, 1921, 2 vol., qui reprend et complète les biographies d'O. Jahn et de Niemtschek qu'Annette Kolb cite par l'intermédiaire d'Abert. La biographie de Schurig était connue en France par l'adaptation de Prod'homme parue en 1925.

26. Il ne s'agit pas de l'étude fondamentale que nous avons citée, mais du petit livre de Saint-Foix sur *les Symphonies de Mozart*, Paris, s.d.

bien entendu, H. Ghéon. Elle n'oublie pas Stendhal qui fut, en son temps, un admirateur de Mozart. L'apport français n'est pas à négliger dans la biographie d'Annette Kolb, et cela ne pouvait déplaire à Giraudoux. Fondée surtout sur une correspondance abondamment citée, cette biographie s'effrite sous les coups d'une critique historique un peu poussée. C'est un livre de vulgarisation qui n'a plus grande valeur aujourd'hui, et on peut même affirmer qu'il n'avait pas grande valeur au moment de sa publication, mais l'époque avait lancé la mode des biographies, même romancées, ce que le *Mozart* d'Annette Kolb a le mérite de ne pas être.

Annette Kolb ne juge pas l'œuvre de Mozart en musicologue, mais en auditrice dont le choix est limité. Elle cite quelques œuvres de musique de chambre qu'elle n'a vraisemblablement pas entendues[27]. La musique symphonique lui échappe presque complètement[28]. A propos des concertos pour piano, elle commet une erreur incompréhensible, même à l'époque où elle écrivait : « Ce sont vingt-quatre morceaux pour la plupart admirables. On peut se procurer sans peine quinze de ces concertos[29] ; les autres sont pour autant dire inconnus. Parmi les huit plus célèbres, c'est celui en ré mineur qu'on joue le plus souvent », et Annette Kolb d'ajouter — ce qui laissera rêveurs tous les mozartiens —, « mais ce n'est pas le plus intéressant[30] ». Parmi les œuvres chorales, c'est la *Messe en ut mineur* (K 427) qui emporte l'adhésion d'Annette Kolb, et surtout son *Qui tollis* qui est « un monument d'horreur »[31].

27. Quelques sonates pour violon, les quatuors à Haydn, quelques sonates pour piano, dont la « belle sonate en la mineur (K 310) ».

28. Elle cite les symphonies salzbourgeoises en démarquant Saint-Foix, et des derniers chefs-d'œuvre, seule la Symphonie en sol mineur (K 550) retient son attention.

29. L'édition complète des œuvres de Mozart avait été publiée depuis longtemps par Breitkopf et Härtel à Leipzig.

30. C'est l'un des plus beaux et des plus célèbres parmi les concertos pour piano de Mozart. Beethoven l'admirait particulièrement et en a écrit les cadences.

31. Rappelons que cette *Messe* est inachevée. La tradition rapporte que Mozart l'aurait complétée par des morceaux d'autres messes. Cette tradition est invérifiable. La version actuelle de cette œuvre est une restitution musicologique discutable due à Alois Schmitt qui a complété cette *Messe* de

Comme Giraudoux, Annette Kolb est amateur d'opéra. Elle parle bien de *l'Enlèvement au sérail,* comme elle est sensible à la beauté particulière d'*Idoménée.* Elle compare *Le Nozze di Figaro* à un collier ; les airs, les duos, les finales paraissant reliés l'un à l'autre comme des perles par un fil de soie. Le succès de *Don Juan* l'enthousiasme. C'est « un sommet de la création humaine ». Elle veut l'amputer de son final que, d'après elle, « on maintient par pitié pour Mozart ; mais il ajoute si peu à l'ensemble de l'œuvre qu'il est peut-être permis de se demander s'il n'y aurait pas plus de pitié encore à le supprimer [32] ». Heureusement, elle comprend mieux *Cosi fan tutte,* et elle n'essaye pas de détourner cette comédie de son sens premier [33], et *Titus* qu'elle a vu dans sa jeunesse. Elle passe à côté de *la Flûte enchantée* dont elle n'a vu que l'aspect féerique. Peut-on lui reprocher, alors qu'elle écrivait pour le public de l'Allemagne nazie, d'avoir évité d'expliquer le symbolisme franc-maçonnique de l'œuvre, et le connaissait-elle [34] ?

Mozart par d'autres messes, non sans erreur, puisque le *Crucifixus* n'est pas de Mozart, mais de son compatriote salzbourgeois Johann Eberlin. Cette mouture de Schmitt a vu le jour à Dresde en 1901. Dans sa version inachevée, connue par l'édition, cette *Messe* est un des sommets de l'art mozartien dans la mesure où elle résume, en la dominant, toute la musique religieuse de l'époque.

32. On sait que dans ce *Dramma giocoso,* les personnages reviennent sur scène après la disparition de Don Juan. Par ce sextuor final, tous ceux qui ont vécu un drame dont chacun a été la victime reviennent sur terre, et avec une gaieté presque mélancolique, retrouvent leur existence banale. C'est ce trait de génie de Da Ponte et de Mozart qu'Annette Kolb voudrait supprimer.

33. Les interprétations de l'époque conféraient à cet *opera buffa* un sens plus tragique. Aujourd'hui, on attribue encore parfois à Mozart des intentions qu'il n'a jamais eues. B. Paumgartner s'est élevé contre de telles interprétations (*cf.* B. Paumgartner, *Mozart,* Paris, 1951, pp. 425-426). Quant à rapprocher Dorabella de Constance Mozart, c'est une légende reprise par A. Kolb.

34. Les Nazis n'ont pas enlevé Mozart de leur panthéon musical, mais ils en ont fait une victime de la maçonnerie dont il aurait trahi les secrets dans *la Flûte enchantée* (M. Ludendorff, *Mozarts Leben und gewaltsamer Tod,* Munich, 1936). A. Kolb ne porte pas la maçonnerie dans son cœur. Elle l'accuse de ne pas avoir aidé Mozart, ce qui est faux. L'influence de la maçonnerie sur *toute* la carrière de Mozart a été mise en lumière par J. et B. Massin, *W. A. Mozart,* Paris, 1970.

Bien d'autres aspects du livre d'Annette Kolb ont dû toucher profondément Jean Giraudoux : la description des œuvres, le rappel des souvenirs, et l'évocation d'une Allemagne idéale. Bornons-nous à quelques exemples. A propos d'un concerto, Annette Kolb écrit : « C'est un des plus beaux concertos de Mozart, avec son vaste andante nostalgique et secret comme une onde ombragée et mouvante [35]. » Ne peut-on voir dans cette phrase une correspondance avec la manière d'écrire de Giraudoux ? A chaque instant, Annette Kolb évoque des souvenirs d'avant la grande guerre : « En cette époque du vieux Munich, écrit-elle, *Titus* fut également représenté un petit nombre de fois. Qu'il y a longtemps de cela ! » Parler du « vieux » Munich, n'est-ce pas susciter chez Giraudoux l'appel aux chers souvenirs d'une époque révolue ? Autre part encore, Annette Kolb nous évoque l' « Allemagne de ce temps-là — morcelée en une infinité de petits états et gouvernée par de petits principules, totalement décentralisée, mais constituant un centre important d'art et de pensée —, vivait alors sa grande époque... Elle était, par essence, assez éloignée du domaine sans grâce de la politique, elle n'était pas très soucieuse de son unité extérieure et ne connaissait pas encore son morcellement, mais elle regardait et elle écoutait avec ferveur en elle-même. Sa véritable patrie se mesurait non pas à la surface de son sol, mais à l'étendue de son horizon ; l'ampleur de ce dernier était sa caractéristique et le signe de sa place au premier rang des nations [36] ». Dans l'ensemble, ce passage ne pouvait déplaire à Giraudoux, et ces considérations sur l'Allemagne d'autrefois trouvaient en lui un écho sympathique.

Cet écho se glisse dans la préface. Giraudoux y évoque Mozart « ce pur allemand » et « cette Allemagne qu'il a créée et qui a commencé à disparaître avec lui », et il ajoute, pour le public de 1938 : « Rien ne sert de jouer Mozart là où est perdu ce qui est Mozart, c'est-à-dire la liberté, la franchise et la joie. » C'est vrai, mais il ne faut pas oublier que l'œuvre de Mozart sera jouée dans l'Allemagne nazie, et Giraudoux de se

---

35. Il s'agit du concerto *Jeunehomme* pour piano (K 271), dont le mouvement médian a des inflexions qui annoncent déjà le romantisme.

36. *Ibid.*, pp. 164-165.

corriger en écrivant que Mozart « n'est plus que le témoin d'un bonheur disparu pour l'Allemagne ». Il a enfin « l'impression que Mozart devient notre contemporain en France [37] ».

D'autres propos d'Annette Kolb vont encore trouver en Giraudoux une résonance parfois inattendue. Annette Kolb n'a pas manqué de pousser au noir le portrait de Constance Mozart et elle porte un jugement sévère sur cette femme qui aimait certainement son mari mais qui, pas plus que ses contemporains, ne reconnut son génie. Et Giraudoux de déclarer d'une manière plus générale : « Des femmes, on ne peut trop rien dire ; si elles ne comprennent pas le génie, elles l'escortent ; elles comprennent ses attributs mineurs, la gloire, le jeu de mots, la gaieté, les unes la richesse, les autres l'infortune. Joyeuses à tort, vexées à tort, avides de se sacrifier à tort ou à raison, elles peuplent du moins d'une façon inégalable les temps, non pas médiocres, mais modérés, de la création et de l'inspiration. » Il serait peut-être difficile de trouver en Constance Mozart des traits qui la montreraient joyeuse ou vexée à tort, avide de se sacrifier à tort ou à raison. Joyeuse, elle l'était tout autant que son mari, gai de nature ; vexée, elle aurait pu l'être bien souvent, mais il ne semble pas qu'elle l'ait été. En tout cas, elle n'a jamais été avide de se sacrifier ni à tort, ni à raison. En laissant courir sa plume, Giraudoux s'est peut-être trahi en faisant le procès d'une autre femme — la sienne — qu'il connaissait mieux que Constance Mozart.

Si la préface de Giraudoux retient davantage l'attention du lecteur de 1977 que la biographie elle-même [38], c'est que

---

37. Giraudoux fait allusion ici au mouvement en faveur de l'œuvre de Mozart qui s'était manifesté en France. En 1940, les études relatives à Mozart sont florissantes en France autant qu'en Allemagne. Les Allemands le savent bien et en tiendront compte dans leur politique de collaboration culturelle. En 1941, à Paris, ils donneront un faste tout particulier à la célébration du 150e anniversaire de la mort de Mozart. En même temps, une « Société Mozart » correspondante de celle de Salzbourg sera créée à l'instigation de l'Institut allemand.

38. Dans les bibliographies modernes, on ne cite plus la biographie d'Annette Kolb que pour mémoire, tout en insistant : « Avec une préface de Giraudoux » (*cf.* J. et B. Massin, *op. cit.*, p. 1198).

l'écrivain français y développe une compréhension de l'œuvre de Mozart qui montre sa pénétration habituelle. Si on fait abstraction d'une rapide allusion aux « oiseaux qui ont essayé de se rattacher à Mozart » — ce qui prouverait que Giraudoux a lu le livre de Ghéon —, et de l'intérêt qu'il accorde encore à quelques légendes — dont l'inanité au surplus n'avait pas encore été démontrée —, on est frappé de se trouver en présence d'un préfacier qui énonce un jugement personnel.

Il est difficile de se rendre compte immédiatement de la valeur de ce jugement. Giraudoux à qui le jargon musicologique et la technique musicale sont étrangers (les témoignages de ses amis montrent que ses connaissances techniques sont élémentaires), ne tient cependant pas à aborder l'œuvre de Mozart par le biais facile et superficiel de la critique. Moins à l'aise dans le domaine musical que dans d'autres, Giraudoux emploie volontiers des formules elliptiques, mais une comparaison avec Gœthe sert de centre à son développement. Il y a en Gœthe, écrit-il, le poète, mais en même temps, on peut reconnaître en lui le chambellan, le doyen, l'amoureux, et Giraudoux aurait pu ajouter le naturaliste, le politique, le critique d'art. Dans son être, Gœthe est multiple. Rien de tel chez Mozart. « Dans Mozart, tout est pour Mozart », ce qui peut s'interpréter, semble-t-il, de deux manières au moins. Mozart a été un génie laborieux et un prodigieux assimilateur. Il a connu toute la diversité des langages musicaux de son temps qu'il a copiés en retrouvant d'instinct leur initiative originelle, mais il ne s'est jamais exprimé que dans un style — le sien [39]. Sa découverte tardive de l'œuvre de Bach et les fruits qu'il en a retirés montrent sa capacité de pénétrer des niveaux culturels très différents. Seul Beethoven peut soutenir la comparaison avec lui dans ce domaine. Donc, dans tout ce que Mozart entend ou lit, tout est pour lui. De même, il est tout entier dans son œuvre. La critique moderne a, en effet, monté en épingle le fait que, en dehors de la musique et surtout de *sa* musique, rien n'a intéressé Mozart. Il a vu les plus belles villes, les plus beaux musées, les curiosités les plus étranges, les paysages les plus séduisants, et il n'a rien vu. Le spectacle

---

39. J. V. Hocquard, *Mozart*, Paris, 1970, pp. 5-13, et du même, *la Pensée de Mozart*, Paris, 1958, *passim*.

du monde, la vie des êtres le laissent indifférent, ce qui explique son manque de psychologie et ses échecs dans sa carrière. Il aimait sans doute Constance, son frais minois de petite femme pas trop intelligente, la tiédeur de son épiderme, mais on peut être certain qu'il lui a préféré Fiordiligi et Dorabella, les deux pantins de *Cosi fan tutte* qu'il anime d'une vie intense. Possédé par la musique, Mozart se révèle tout entier dans la sienne. Une fois encore, dans Mozart, tout est pour Mozart.

Pourtant, aux oreilles de ses contemporains, sa musique « sonne » comme toute la musique de son temps. Salieri, C. Stamitz, Kozeluh qu'Annette Kolb traite légèrement de « mazette », écrivent comme Mozart qui aurait pu, parfois, s'irriter des jugements superficiels de ses contemporains. Giraudoux nous dit qu'il a été son meilleur juge et qu' « il a été celui qui a goûté le plus Mozart », et il ajoute : « Ils sont infiniment plus rares que l'on ne croit les hommes qui apportent ici bas leur propre aliment, et chez lesquels l'exigence du cœur et de l'inspiration égale juste le génie. » Le génie de Mozart ne pouvait donc être reconnu de son temps que par ses pairs : J. Haydn et Gluck. Non seulement ce sont des hommes de métier, mais ce sont aussi des musiciens sensibles à la beauté de la facture, à la suprématie de la technique et à la perfection du style qui, dans l'œuvre d'art, reflètent les exigences du cœur et de l'inspiration. De nos jours, Karl Barth écrit : « Mozart fait de la musique dans une sorte d'omniscience, en partant d'un centre mystérieux, et c'est ainsi qu'il connaît et respecte les limites qui lui sont tracées à gauche et à droite, au-dessus et au-dessous de lui », et d'ajouter qu'il ne peut y avoir dès lors aucune « métaphysique mozartienne [40] ». Il n'y a pas de « pensée » mozartienne en dehors de la musique de Mozart. Cette parfaite adéquation entre l'être et le génie, souvent mise en lumière à notre époque, Giraudoux en a eu l'intuition et il l'a exprimée à sa manière.

Mozart est le musicien que Giraudoux a le plus souvent cité dans son œuvre et avec des intentions bien déterminées, ainsi

---

40. K. Barth, *Wolfgang-Amadeus Mozart 1756-1956,* Genève, 1956, pp. 41-42.

que nous avons essayé de le montrer par quelques exemples. De plus, c'est le musicien qui a retenu le plus souvent son attention dès qu'il a pu le connaître et aborder une œuvre qui s'accordait à sa propre sensibilité, dans la mesure où elle peut paraître comme le symbole d'un accord parfait entre l'homme et le cosmos.

Giraudoux a approfondi sa connaissance de Mozart en étant le témoin d'une mode et d'un engouement qui ont favorisé la diffusion et une meilleure compréhension de l'œuvre mozartienne. Enfin, il a eu l'occasion de nous livrer sur Mozart un jugement très lucide. Mais cette lucidité ne doit pas nous étonner ; elle est le privilège de ceux qui sont *disponibles* et qui, dès lors, savent *écouter* la musique. Et n'est-ce pas Giraudoux lui-même qui avait déclaré dans *l'École des indifférents* au début de sa carrière : « J'apprécie toute musique sans me demander, comme d'autres, si je la comprends ou non » ?

L'œuvre de Mozart, pas plus que celle de Giraudoux, n'est de pur divertissement. Un jour de l'année 1928, alors qu'il travaillait à son *Siegfried,* Giraudoux évoque cette soirée où il a vu « Mottl, Strauss, Weingartner, diriger chacun un acte de Mozart ». Cette soirée, Giraudoux l'a peut-être rêvée, et l'association des trois chefs d'orchestre résulterait alors d'une fantaisie de son imagination. Peu nous importe après tout, car la rencontre avec Mozart, elle, n'aura pas été imaginaire puisque c'est ce soir-là que Giraudoux a « senti pour la première fois la nuit dirigée par les hommes [41] ».

M. Barthélemy

---

41. J. Giraudoux, Théâtre complet, Neuchâtel-Paris, Ides et Calendes, 1945-1953, *variantes*, tome I, p. 151.

CHRONIQUE

JEAN GIRAUDOUX EN LIMOUSIN 1977

Judith à Bellac.

Pour le vingt-quatrième Festival de Bellac, le Centre dramatique national du Limousin présente *Judith*, de Jean Giraudoux. Cette tragédie, qui remporta peu de succès à sa création en 1931, a déjà été jouée à Bellac en 1966.

Jean-Pierre Laruy, metteur en scène de cette *Judith* 1977, a vu dans la pièce « *l'histoire d'un corps et l'histoire d'une société* ». La coquette et orgueilleuse Judith du premier acte se métamorphose en amoureuse ardente au deuxième, dans l' « île heureuse » d'Holopherne où l'on ne vit pas sous le regard de Dieu. Elle acceptera au troisième acte de jouer le rôle que les rabbins lui imposent et qui la fait coïncider avec la « *sainte* » de la tradition. Momifiée de son vivant, elle deviendra, selon Jean-Pierre Laruy, « *monument d'orgueil consacré à cette société qu'elle n'a jamais véritablement quittée* ».

Après un premier acte quelque peu languissant, le deuxième acte éclate comme une fanfare : costumes rouge vif, figures de ballet sur des divans orientaux. Anne Deleuze interprète le rôle difficile de Judith : trois femmes tour à tour au long de ces trois actes. C'est dans le troisième qu'elle nous a semblé atteindre les véritables dimensions du personnage, lors de ce moment ardent du « *combat avec les anges* », où elle doit apprendre que tout, même le plaisir de son corps, a été voulu par Dieu, puis au cours de la scène de momification où elle se remet aux mains des rabbins. Cependant, le burlesque sanguinolent de cette dernière scène (Judith aspergée de sang tenant dans une main un glaive et dans l'autre un plat de boucherie supportant une tête bovine) semble déplacé.

Le dispositif scénique pour les trois actes a la forme symbolique de l'étoile de David, dont les pointes à volonté se redressent pour limiter l'espace ou pour découvrir la trappe où l'on précipite les faux prophètes. Astucieux et simple, ce dispositif convient fort bien à la représentation en plein air. A Mortemart, il était dressé devant un mur de granit d'une ancienne grange du couvent des Augustins, qui, par sa rusticité et ses dimensions, faisait rêver à quelque colossal rempart biblique.

Judith, jouée à Mortemart (Haute-Vienne) le 2 juillet et au château de Boussac (Creuse) le 5 juillet, est reprise le vendredi 8 juillet à Collonges-La-Rouge (Corrèze). Il s'agit en fait d'une tournée itinérante dans les trois départements qui composent le Limousin.

MARCEL SOULÉ.
Le Monde, 8 juillet 1977

LES VOIX DE JUDITH

Dans la première tragédie de Giraudoux, inspirée de l'ancien récit hébreu, le processus selon lequel un individu s'effondre, puis se reconstitue grâce à la sagesse, condensée en formules, du groupe social qui doit l'absorber, a été observé de manière bien moins souriante que dans *Intermezzo*.

La tragédie commence où la comédie s'achèvera ; avec les voix du peuple, entraînées par les chefs spirituels à *crier* cette fois, interminablement, le même nom — *Judith ! Judith !* — qui brise le silence du théâtre avant le lever du rideau et qui interrompt continuellement l'exposition — *Judith ! Judith ! Sauve-nous !* L'héroïne de Giraudoux est une vierge, ou une demi-vierge, et non une veuve d'expérience et d'autorité ; cependant elle va de son propre mouvement, elle le pense du moins, affronter le capitaine des Assyriens, comme la Judith originale des Apocryphes. Elle a pour dessein, dans l'orgueil qui caractérise ceux qui se choisissent élus chez Giraudoux, de parler pour le compte de Dieu avec son langage à *elle,* qui est (ce sont ses paroles, avant l'acte) sa plus mortelle arme. Au cours de son acte, son éloquence lui fait défaut. Elle est littéralement réduite au silence par une succession de chocs qui la privent brutalement de toute sa confiance en elle-même et de son discours assuré, qui la laissent, comme une épave anéantie, attendre avec indifférence, dans l'aube de l'acte III, que les gardes assyriens la découvrent et la mettent à mort. Car le meurtre légendaire a eu lieu ; mais auparavant l'héroïne a été humiliée avec rudesse par l'obscène soldatesque assyrienne, amenée à son tour à réclamer l'aide de celui qu'elle a l'intention de tuer. Holopherne apparaît, la sauve, tente de lui donner une leçon d'amour humain, dégagé de sollicitations surnaturelles ou d'aspirations immortelles, la possède, s'endort et meurt assassiné par elle pendant son sommeil. Les hommes d'Israël rassemblent leur courage pour entrer dans le camp ennemi aux premières lueurs du jour, et trouvent le forfait accompli. Les guerriers tombent aux pieds de Judith ; les prêtres commencent à la plier et à la modeler, afin de la sanctifier en public.

Judith d'abord repousse les deux groupes ; elle a tué, non pour Dieu, mais par amour, pour protéger la perfection dominicale de son ravissement en l'*homme* Holopherne contre ce qu'elle redoute : l'inévitable affaissement et la lente dégradation de la médiocrité et du compromis, des jours de semaine, des jours de travail. Un *crime passionnel* romantique à la *France-Dimanche*. Pour essayer de sauver ce mobile absolument humain contre la version officielle mensongère, celle de son « miracle », que vont fabriquer, elle le voit, « les rabbins et les généraux », elle tente de son côté, une manœuvre insidieuse d'endoctrinement. Elle murmure son explication dans l'oreille la plus proche, celle d'un garde endormi ; cela suffira, affirme-t-elle, pour « *transmettre une nouvelle jusqu'au fond des siècles* ». Puis elle affronte l'hystérie d'une foule psalmodiante, composée de prophètes hébreux fanatiques et d'adolescents fanatisés ; mais elle trébuche devant l'acte final de la violence collective. Lorsque la femme qui a essayé de la sauver des conséquences de son défi est mortellement poignardée devant elle, les indications scéniques précisent qu'elle est alors « hébétée et *muette* ». Et à ce moment traditionnel de la « reconnaissance », elle a une vision que les critiques interprètent fréquemment comme une révélation directe, voulue par Dieu, de la réalité objective. Le garde à qui elle vient de confier son interprétation érotique de la nuit précédente, prend pour elle seule l'aspect et la voix d'un ange du Seigneur ; il lui révèle, en termes de mythe et d'autorité — expressément ceux qu'utilisent rabbins et « prophètes » — qu'en dépit des apparences et de ses sensations personnelles, Dieu l'a effectivement utilisée d'un bout à l'autre du miracle, comme l'instrument véritablement élu de Sa divine volonté.

Le système dramaturgique de Giraudoux ne vise, en théorie, à produire ni un théorème, ni une leçon, mais un spectacle, un enchantement, une image translucide, mais non transparente (*filtre, philtre*) ; en pratique, dans les meilleurs cas, il est d'une provocante ambiguïté, et non d'un didactisme simple. Lorsqu'au dernier acte, il est accordé à Judith ébranlée une visitation, émanant de ce que M. Starobinski pourrait identifier comme une « super-autorité » d'une orthodoxie rassurante, les spectateurs reçoivent non pas tant la simple preuve que « l'on ne se moque pas de Dieu », mais plutôt une variation dramatiquement équivoque (c'est-à-dire à voix égales, parce que dramatique par essence) sur un thème longtemps lié aux plus célèbres « voix » de la France. Certains se rappelleront, au début d'un film français d'avant-guerre, dans une atmosphère et un décor plus proches, il faut le reconnaître, d'*Intermezzo* que de *Judith,* la discussion entre le curé et l'instituteur du village : « Jeanne a-t-elle entendu les voix ? Ou a-t-elle cru qu'elle les entendait ? »

Au-delà du problème que pose l'authenticité de l'ange de Judith et de son message, Giraudoux semble tout autant s'intéresser (comme dans *Intermezzo* par exemple) à la *psychologie de la conversion ;* et plus précisément aux *moyens* par lesquels un individu en apparence indépendant peut être changé en réceptacle passif d'une croyance partagée par la collectivité. Qu'est-ce qui rend possible l'endoctrinement ? Quelle est la nature de cette technique de persuasion que les Français désignent d'un nom qui était tout à fait familier à la génération de Giraudoux, celle des vétérans de la Grande Guerre, et à ses marchands de propagande, et qui est, je pense, entièrement approprié aux scènes de comédie et de tragédie que je viens de mentionner : *bourrage de crâne.*

L'effondrement de cette confiance, à l'origine chargée d'agressivité, que Judith avait en elle-même, ne cause pas réellement sa soumission finale à l'orthodoxe « vérité des rabbins et des généraux », cela facilite du moins la tâche. Processus beaucoup plus clairement structuré et articulé que l'amnésie brutale de Siegfried, l'adolescente fascination de la mort chez Isabelle, ou plus tard l'oubli soudain et magique de son amour humain chez Ondine, au moment où ses sœurs, dans les profondeurs des eaux, prononcent trois fois son nom ;

ou encore, que les drogues et les mensonges qui détruisent l'image chaste que Lucile avait d'elle-même, dans *Pour Lucrèce*. En effet, la jeune meurtrière d'Holopherne se trouve soumise, tout au long du second acte et au début du troisième, à une succession d'expériences traumatisantes : sans aucun répit, elle passe par la confusion, la détention, l'humiliation ; elle se voit tour à tour comblée d'attention, de plaisir, abandonnée, isolée, réduite au silence, surprise, mise en contact avec autrui, terrifiée. Tout cela ressemble au plus haut point à l'ordonnance complète de la persuasion moderne, connue depuis la Seconde Guerre mondiale sous le nom de *lavage de cerveau* — « attaque contre l'identité » dans le dessein de « dépouiller l'individu de sa personnalité » pour « élever quelque chose de neuf sur les fondations restantes [1] » — bien qu'il n'y ait, dans la pièce de Giraudoux, pas la moindre intention, de caractère humain en tout cas, derrière l'effondrement de Judith. Des passions, des intérêts, des événements divers et sans relation tissent son destin — et non pas une technique délibérément appliquée. L'enchaînement de causes et d'effets qui amène à l'effondrement de Judith et à son recouvrement ressemble plutôt à cette découverte en quatre étapes de *animus* par *anima*, qui représente pour l'école de Jung un processus spontané d'individuation ; à cela près que Judith les parcourt pendant les vingt-quatre heures traditionnelles de la tragédie française (*le destin*, dit l'un des personnages de Giraudoux, *est la forme accélérée du temps*) Chacune des trois premières étapes (j'emprunte mes descriptions à M.-L. Franz, dans *l'Homme et ses symboles*) mène Judith tout droit à la désillusion : *animus*, en tant que « l'athlète » ou « le costaud », se révèle être non pas le capitaine assyrien « géant » qu'on lui avait fait attendre, mais un pervers sadique de son état-major, qui joue son rôle ; *animus*, en tant qu' « esprit d'initiative et capacité d'une action programmée », est bien Holopherne, mais il n'a pas de plans spéciaux pour Judith. C'est un amant distrait, qui se rappelle l'allure de ses femmes lorsqu'elles viennent pour la première fois dans sa tente, mais qui reste dans le vague sur leur départ ; et il a une propension bien trop humaine (et pour

1. J. A. C. Brown, *Techniques of Persuasion*, London, Pelican, 1964.

lui tout à fait malheureuse) à sombrer dans le rapide oubli du sommeil après l'amour. En fait, il est plus proche du troisième avatar d'*animus,* « le professeur ou le pasteur », que du chef : il n'est que trop prêt à enseigner à la jeune hébreuse son humanisme hédoniste (jours sans terreurs ni prières, petit déjeuner sans promesse d'enfer, thé sans péché mortel, un monde sans dieux). Mais comme Électre, une autre de ces femmes de Giraudoux qui se sont choisies élues, *femmes à histoires* (et comme Isabelle, sauf au moment où le chœur du Droguiste lui sauve la vie), Judith n'a pas d'oreille pour le langage des hommes : « *sourde pour le langage humain* ». Ce qui l'obsède, ce qu'elle ne peut supporter, c'est que les *espaces éternels* (pour lesquels ses oreilles, comme celles d'Électre, ont été créées, réglées) soient devenus silencieux (faiblesse de sa part qui n'est que trop humaine, comme Pascal et Vigny l'ont démontré de façon célèbre).

Elle, à qui Dieu s'était si souvent adressé pendant son enfance par un cri ou un murmure, avec cette « *résonance qui est l'accent de Dieu* », qui s'était attendue à être lancée sur Holopherne comme un jeune archange, n'a pas senti une seule fois, du début à la fin de sa mission contre les Assyriens, « *sa pression ou sa présence* ». Aussi quand sa vision, ses voix lui affirment que Dieu l'a réellement utilisée malgré tout, quand son « ange » d'un ton méprisant et autoritaire explique l'absence et le silence apparents de Dieu (avec une référence anachronique à l'une des voix les plus connues du public des années 30, la Voix de son Maître) :

Tu penses que Dieu va te parler ! Tu penses que Dieu parle aux hommes, pour les voir écouter sa voix, comme le chien la voix de son maître, d'une tête stupidement inclinée au-dessus d'un corps idiot

à ce moment-là le « Professeur » Holopherne s'efface rapidement devant la seule forme d'*animus,* qui, selon le schéma de Jung, reste pour Judith à découvrir. Franz la décrit assez singulièrement comme

un médiateur de l'expérience religieuse grâce auquel la vie acquiert une signification nouvelle... qui donne à la femme une fermeté spirituelle, un invisible soutien intérieur qui compense sa malléabilité extérieure[2].

Dans sa tragédie, Giraudoux ne spécifie pas quelle est la teneur en vérité de cette sorte de corsetage spirituel : moment de vérité, ou commencement d'un mensonge vital ? révélation divine ou mythomanie pour exaucer un désir ? Judith a-t-elle reçu, par une divine permission, un message du Tout-Puissant ? ou sous des pressions et des suggestions humaines, s'est-elle envoyé un message à elle-même, inconsciemment ? Saint Jean à Patmos ? Victor Hugo à Jersey ? La pièce ne donne aucune réponse.

P. A. OUSTON

2. C. G. Jung, M.-L. Franz and others (co-ordinating editor John Freeman), *Man and his Symbols*, Aldus Books in association with W. H. Allen, London and Amsterdam, 1964.

BIBLIOGRAPHIE
J. GIRAUDOUX 1976-1977

[1976]

GIRAUDOUX (Jean) : *La guerre de Troie n'aura pas lieu*. Extraits, avec une note... par Henri Baudin (nouv. éd.) (Univers des Lettres Bordas n° 435). Bordas, 1975.

GIRAUDOUX (Jean) : *Suzanne et le Pacifique* (Bibliothèque du temps présent) Rombaldi, 1975.

DURRY (M.-J) : *L'Univers de Giraudoux* (nouv. éd.) A.-G. Nizet, 1975.

ALBRECHT (René) : « L'âme " franco-allemande " de Giraudoux » (C.R. de : J. Body, *Giraudoux et l'Allemagne,* Paris, 1975), *la Croix,* 7-8 décembre 1975, p. 15.

BESSON-HERLIN (Marthe) : *Louis Jouvet et le théâtre de J. Giraudoux* (Catalogue). — Bellac, Centre culturel Jean Giraudoux.

BODY (Jacques) : « A la lumière du manuscrit de *Souvenir de deux existences* de J. Giraudoux », *Studi Francesi,* maggio-agosto 1976, pp. 265-268.

CHAMBRILLON (Paul) : « Giraudoux et Ionesco, témoins de leur temps », *Le Spectacle du monde,* janvier 1976, pp. 86-89.

COMOROVSKI (Cornelia) : « Paradoxical microstructures in the drama of O. Wilde and J. Giraudoux », *Synthesis,* II, 1975, pp. 155-171.

CORDIÉ (Carlo) : « Giraudoux », *Cultura e Scuola,* aprile-giugno 1976.

DAWSON (Brett) : « A propos du *Racine* de J. Giraudoux », *Bulletin de la Librairie ancienne et moderne,* février-mars 1976, pp. 286-290.

DUNEAU (Alain) : « Étude stylistique d'un texte de Giraudoux : la tirade d'Électre (*Électre,* Acte II, sc. 8) », *l'Information littéraire,* novembre-décembre 1975, pp. 234-241.

DUNEAU (Alain) : C.R. de : Morton M. Celler, *Giraudoux et la métaphore* (La Haye, Paris, 1974), *Revue d'histoire littéraire de la France,* juillet-août 1976, pp. 681-682.

FRAISSE (Simone) : « La Rhétorique du paradoxe dans *Amphitryon 38* », *l'Information littéraire,* janvier-février 1976, pp. 19-23.

GOOSSE (M.-Thérèse) : C.R. de : P. A. Mankin, *Precious Irony. The Theater of J. Giraudoux* (La Haye-Paris, 1971), *Revue belge de philologie et d'histoire*, 1976, n° 1, pp. 189-192.

GRAPPIN (Pierre) : « Giraudoux, Marivaux et les Allemands », *Études germaniques*, avril-juin 1976, pp. 177-185. (C.R. de J. Body, *Giraudoux et l'Allemagne*).

GSTEIGER (Manfred) : C.R. de : J. Body, *Giraudoux et l'Allemagne* (Paris 1975), *Études de lettres*, avril-juin 1976, pp. 55-57.

GUBERMAN (Solange) : « La psychocritique de Ch. Mauron et le théâtre de J. Giraudoux », *Culture française*, novembre-décembre 1975, pp. 315-321.

KLINE (T. Jefferson) : « The crisis of language in J. Giraudoux's theater », *The Romanic Review*, March 1976, pp. 117-131.

MAY (Georges) : « J. Giraudoux et les États-Unis », *The French Review*, May 1976, pp. 1041-1054.

MEGRET (Christian) : « Giraudoux est bien revenu (*Amphitryon 38* au Théâtre Édouard VII) », *Carrefour*, 16 décembre 1976, p. 14.

MEIER (Wilhelm) : « Giraudoux, *Le Banc* », *Die französische Novelle*, Düsseldorf 1976, pp. 263-271, 376-378.

MORAUD (Yves) : « J. Giraudoux et l'histoire », *l'Information littéraire*, mars-avril 1976, pp. 69-77.

SENART (Philippe) : « La Revue théâtrale : J. Giraudoux, *La Folle de Chaillot* » (Athénée), *la Nouvelle Revue des Deux-Mondes*, avril 1975, pp. 177-179.

SINGERMAN (Alan J.) : « Helen and Troilus : war and allegory in Giraudoux's *La guerre de Troie n'aura pas lieu* », *The French Review*, April 1976, pp. 669-675.

[1977]

BODY (Jacques) : « Giraudoux vu par Sartre », *Œuvres et critiques*, printemps 1977, pp. 51-58.

BODY (J.) : « Légende et dramaturgie dans le théâtre de Giraudoux », *Revue d'histoire littéraire de la France*, novembre-décembre 1977, pp. 936-944.

BODY (J.) : C.R. de : J. Giraudoux, *Intermezzo*, éd. C. Weil (Paris, 1975), *Revue d'histoire littéraire de la France*, novembre-décembre 1977, pp. 1035-1036.

BODY (J.) : C.R. de : J. Robichez, *le Théâtre de Giraudoux* (Paris, 1975), *Revue d'histoire littéraire de la France*, novembre-décembre 1977, pp. 1034-1035.

BRÜTTING (Richard) : C.R. de : W. Meier, *Das Prinzip des Unerwarteten bei J. Giraudoux. Rhetorische Verfremdung und preziöse Denkweise* (Frankfurt am Main, 1973), *Revue d'histoire littéraire de la France*, septembre-octobre 1977, pp. 877-878.

CHEVAL (René) : C.R. de : J. Body, *Giraudoux et l'Allemagne* (Paris, 1975), *Revue de littérature comparée*, avril-juin 1977, pp. 310-312.

FAVRE (Yves-Alain) : « Le thème de l'aurore dans le théâtre de Giraudoux », *Travaux de linguistique et de littérature*, t. XV, 2, 1977, pp. 251-262.

GIBSON (Robert) : C.R. de : J. Body, *Giraudoux et l'Allemagne* (Paris, 1975), *French studies*, October 1977, pp. 487-488.

GODIN (Henri) : C.R. de : J. Body, *Giraudoux et l'Allemagne* (Paris, 1975), *The Modern language Review*, July 1977, pp. 703-704.

GÖRG (Elisabeth) : Notionsfelder in Giraudoux *Électre* und Anouilhs *Antigone.* Versuch einer semantisch -textlinguistischen Analyse (Tuduv Studien. Reihe Sprach -und Literaturen. Bd 9). München, Tuduv Verlagsgesellschaft, 1977.

HODSON (W. L.) : Theatricalism and Greek myth in Gide, Cocteau and Giraudoux, [In] The Classical tradition in French literature. Essays presented to R. C. Knight..., London, Grant and Cutler, 1977, pp. 229-237.

KRANCE (Charles) : « Giraudoux's *Suzanne et le Pacifique* : text, topoi and community », *Australian Journal of French studies*, May-August 1977, pp. 164-173.

MORAUD (Yves) : « Jeu et anti-jeu dans *Amphitryon 38* », *Travaux de linguistique et de littérature*, t. XIV, 2, 1976, pp. 169-180.

PICHOIS (Claude) : C.R. de : J. Giraudoux, *Lettres,* présentées et annotées par J. Body (Paris, 1975), *Revue de littérature comparée,* avril-juin 1977, pp. 312-313.

SAINT JEAN (Robert de) : Giraudoux en appel [extrait de : *Moins cinq...*], *la Nouvelle Revue des Deux Mondes,* février 1977, pp. 360-362.

SÉNART (Philippe) : « La Revue théâtrale : J. Giraudoux, *Amphitryon 38* (Théâtre Édouard VII) », *la Nouvelle Revue des Deux Mondes*, janvier 1977, pp. 191-193.

RENÉ RANCOEUR

www.ingramcontent.com/pod-product-compliance
Lightning Source LLC
La Vergne TN
LVHW051240060726
842526LV00013B/2994